Olá!

AF705017

Panteão Nacional in Lissabon

Susanne Baade & Dirk Lehmann

... in love with Portugal

Geheimtipps von Freunden

REISEDEPESCHEN

EINLEITUNG

Ein kleines, ganz großartiges Land

Ist das Leben eine Reise? Man sagt so. Denn es ist Ankommen und Bleiben und Abschied und – im besten Fall – Wiederkommen. Weil man tiefer eintauchen will. Und dann freut man sich bereits beim Rückflug auf die nächste Ankunft. So geht es uns mit Portugal.

„Die Reise beginnt nicht, wenn man Entfernungen zurücklegt", schreibt der in Mosambik lebende Schriftsteller Mia Couto, dessen Eltern aus dem Alentejo stammen, „sondern wenn man innere Grenzen überschreitet." Ein großer Satz über die Kraft des Reisens. Wir haben viel Zeit verbracht in Portugal und erzählen das Land vor allem über Begegnungen.

Susanne kennt es von Kindheit an. Ihre Mutter ist Portugiesin, immer wieder reiste die in Hamburg lebende Familie nach Portugal. Und wenn Susanne von den Sommerferien zwischen Estremoz und Vila Nova de Milfontes erzählt, überkommt einen schon beim Zuhören eine gewisse Sehnsucht.

Dirk hat Portugal erstmals bereist, als er seinen Vater im Golfurlaub besuchte. Vielleicht war es die bizarre Welt rund um das Resort in der Algarve, in dem seine Eltern wohnten, die unwirklichen Rasenflächen. Jedenfalls weckte es die Sehnsucht, das Land zu erkunden.

Die Portugiesen haben für diese Sehnsucht ein eigenes Wort: *saudade*. Es beschreibt mehr als ein Heimweh, eher ein Sehnen. Einen Weltschmerz, den es so vor allem zwischen Porto und Faro gibt. Er führte uns in intensiven Reisen kreuz und quer durch Portugal. Dabei haben wir viele Menschen getroffen. Auch ihre Offenheit und Herzlichkeit gehören zur Magie Portugals, von der wir in diesem Buch erzählen: Um etwas zurückzugeben – für all die besonderen Reisemomente.

INHALT

ATLANTISCHER
OZEAN

Da Öffnungszeiten und Preise saisonal sehr stark variieren, verzichten wir in der Regel auf Angaben dazu.

Norden
Costa
Verde
Porto
Douro
Côa-Tal
Zentrum
SPANIEN
Buçaco
Luso
Costa
de Prata
Serra da
Estrela
Figueira da Foz
PORTUGAL
Nazaré
Marvão
Ericeira
Estremoz
Lissabon
Serra d'Ossa
Évora
Costa
de Lisboa
Alentejo
Alqueva
Costa
Alentejana
Monchique
Aljezur
Algarve
Costa
Vicentina
Tavira
Loulé
Faro
Cabo de São Vicente
Westliche
Algarve
Östliche
Algarve
0
50
100
Kilometer

So ticken die Portugiesen

Sie sind stolz, den größten Stausee zu haben, das modernste Autobahn-Mautsystem und im Winter 2020/21 waren sie „stolz“ auf die bis dahin höchste Corona-Inzidenz Europas. Portugiesen lieben Superlative und haben bisweilen einen recht eigenwilligen Humor. Das zeigt sich auch in ihren Sprichwörtern.

Die meisten dieser ungewöhnlichen Redewendungen haben irgendwie mit Essen zu tun. Die Portugiesen lieben das Essen. Und sie wissen, dass sie diese Leidenschaft fast exzessiv leben. Daher auch der Kalauer: Hätte das letzte Abendmahl in Portugal stattgefunden, wäre Jesus nicht am Kreuz gestorben – weil man ja nie fertig wird mit Essen ...

So zeigt sich im Humor der Portugiesen vor allem, dass sie sich zwar für die Größten halten im kleinen Land ganz im Westen Europas, sie aber auch über sich selbst lachen können. Etwa darüber, dass es bald ein Ticket für alle Verkehrsbetriebe Lissabons geben wird, sodass man mit einem Fahrschein vom Bus in die Bahn, Metro oder Eléctrico umsteigen kann ... (Scherz!). Oder dass das Bahnnetz ausgebaut wird – im ganzen Land (muhahaha).

In den Redewendungen kommen häufig Tiere vor: Hühner, Pferde, Frösche. Auffällig ist zudem, dass viele Sprichwörter unterm Strich vor allem Eines sagen: Lass mich in Ruhe!

„PÃO PÃO, QUEIJO QUEIJO.“

ÜBERSETZT Brot Brot, Käse Käse

BEDEUTET Es ist doch ganz einfach ...

HINTERGRUND Wenn man jemandem gegenüber offen und ehrlich sein will, beginnt ein Satz mit „Pão Pão, Queijo Queijo“.

„SOLTAR A FRANGA!“

ÜBERSETZT Lass das Huhn los!

BEDEUTET Es ist zum Verrückt werden!

HINTERGRUND Sind die Hühner erst mal aus dem Stall, ist das Chaos sowieso groß, dann kann man es auch richtig krachen lassen.

„ENGOLIR SAPOS.“

ÜBERSETZT Frösche (muss man) schlucken!

BEDEUTET Klappe halten und auch unangenehme Dinge akzeptieren.

HINTERGRUND Die Portugiesen essen eigentlich keine Frösche ...

„TIRAR O CAVALINHO DA CHUVA.“

ÜBERSETZT Hol (schon mal) das Pferdchen aus dem Regen ...

BEDEUTET Es dauert noch eine Weile.

HINTERGRUND Besuchte man früher jemanden, band man das Pferd vor dem Haus an. Zog sich so ein Besuch hin, hieß es, man könne das Pferd absatteln und in den Stall stellen. Also: Nimm dir Zeit. Viel Zeit.

„CU DE JUDAS!“

ÜBERSETZT Der Hintern von Judas

BEDEUTET Am Arsch der Welt

HINTERGRUND Selbsterklärend

„PENTEAR MACACOS.“

ÜBERSETZT Affen kämmen

BEDEUTET Kümmer dich um deinen eigenen ... Kram.

HINTERGRUND Wird auch gern durch „Vá“ davor ergänzt. Dann heißt es noch ein wenig unmissverständlicher: „Geh Affen kämmen“.

„CHATEAR O CAMÕES!“

ÜBERSETZT Nerve Camões!

BEDEUTET Lass mich in Ruhe!

HINTERGRUND Camões ist Portugals Nationaldichter aus dem 16. Jahrhundert. Wird man aufgefordert, ihm alles zu erzählen, ist es wahrlich unwichtig.

Begleiter unserer Wanderung: Marta und Paulo

„Eine uralte Sehnsucht, Mast zu sein,
wiegt sich in hohen Kiefern.“

SOPHIA DE MELLO BREYNER ANDRESEN

— NORDEN —

Wein, Weltkultur und das Leben genießen

Dass das Douro-Tal ein perfektes Wanderziel für Freunde ist – und nicht nur für Freunde des Weins –, das haben wir mit Marta und Paulo erfahren. In Porto, der zweitgrößten Stadt Portugals, belästigen wir einen Künstler, essen eigenwillige Hamburger, die „kleine Französinnen" heißen, und nehmen die Straßenbahn von der Innenstadt zum Meer. Im Côa-Tal berührt uns Kunst aus der Steinzeit. Dazu die schönsten Strände im gar nicht so rauen Norden.

Vila Nova de Gaia

DOURO-TAL

Weltkulturerbe im Fluss

Auf 210 Kilometern führt der Douro durch Portugal und hat eine einzigartige Kulturlandschaft geprägt. Weltberühmt wurde das fruchtbare Land rund um den Fluss für seinen Portwein. Inzwischen entstehen hier vermehrt großartige Weiß- und Rotweine, Dörfer werden zu Gastgebern – und manche halten diese Region für eine der spannendsten Europas.

Dunkel und still ist der Keller. Doch es fehlt ihm etwas, das man an solchen Orten erwartet: diese modrige Kühle. Stattdessen liegt eine fast betörende Süße in der Luft. Sie kriecht aus den Fugen des Backsteins in diesem Gewölbe, dringt aus dem dunklen Holz der Fässer. Es ist die Süße einer kontrollierten Gärung, der Duft einer einzigartigen Geduld – und der Vorbote eines Geschmacks, der nun tiefrot in unsere Gläser gluckert.

Wir sitzen im Keller des Weinguts Pacheca, stecken unsere Nasen in die Gläser und erhalten vor dem ersten Schluck einige Infos zum Reserva aus dem Jahr 2017: Nur Trauben der Sorten Touriga Nacional, Touriga Franca und Tinta Roriz wurden für diesen Wein verwendet. Es sind Trauben von 40 Jahre alten Weinstöcken.

2017 war der Winter im Douro-Tal kalt und trocken. Der Wein spross Anfang März. Es folgten ein warmes Frühjahr, ein heißer Juni. Trotz kräftiger Gewitter im Juli blieb der Sommer trocken. Perfekt für die Trauben, die einen hohen Zuckergehalt entwickelten. Die Ernte begann am 3. September. Wie immer erfolgte sie von Hand. Die Tage blieben sonnig, die Nächte waren kühl. Das Keltern in den Granittrögen, den sogenannten *lagares*, wird hier mit nackten Füßen gemacht und ist immer auch ein Fest.

„Jetzt wollen wir einen Schluck nehmen." Im Glas schimmert das Jahr blaurot. Es duftet nach Bitterschokolade und getrockneten Pflaumen. Es schmeckt nach dunklen Kirschen, hat würzige Noten mit einem Hauch Lakritz. Im Mund ist der Wein saftig, bleibt lange präsent. Auch wenn wir uns an das Jahr nicht recht erinnern – es schmeckt grandios.

Unser Freund Paulo ist ein leidenschaftlicher Weinfan. Er hat weder einen verkopften Zugang noch einen „Keller". Er liebt dieses portugiesische Kulturgut einfach. Da Paulo als Agrarexperte viel rumkommt, bringt er immer wieder Weine kleinster Betriebe mit. Wenn er dann – meist in der Küche, während er mit viel Topf- und Körpereinsatz kocht – über Rebsorten referiert, über Bodenbeschaffenheit und Vinifikation, ist das großes Kino.

Irgendwann ruft er Marta zu Hilfe oder drückt einem von uns den Löffel in die Hand und holt einen der Weine, über den er gerade noch gesprochen hat. Paulo entkorkt ohne groß nachzudenken und schenkt ein. „Und, was sagt ihr?" Meist stehen schon mehrere offene Flaschen auf dem Tisch, bevor das Essen angefangen hat. Portugiesische Gastfreundschaft pur.

An einem dieser Abende standen wir vier rund um eine große Karte des Douro-Tals, die im Flur von Martas und Paulos Wohnung hängt. Und wir beschlossen, eine Wander- und Weinreise dorthin zu unternehmen. Die Biologin und der Agrarökonom sind seit vielen Jahren Freunde von uns. Paulo schaute zufrieden an die Wand: „Lasst uns das Land genießen."

Jetzt stehen wir auf einem der Bergrücken, die den Douro säumen, und schauen auf den glitzernden Fluss, auf die steilen Hänge, die akkuraten Reihen der Reben. Wenige Straßen ziehen sich über Bergflanken, viele schmale Bewirtschaftungswege. Die Lebensadern des Weinbaus. Mit dem Douro-Tal verbindet man vor allem Portwein. Der entstand, weil britische Händler einst keinen französischen Bordeaux und Sancerre mehr importieren wollten. Um den Wein transportfähig zu machen, wurde er mit hochprozentigem Alkohol aufgespritet. Seine herbe Süße machte ihn zum Bestseller in Britain. Und man nannte das über Porto verschiffte Getränk: Port.

Nach einem Skandal – im 18. Jahrhundert panschte man Port mit Holunderbeersaft – wurde das Douro-Tal zum ersten geschützten Anbaugebiet der Welt. Und in einem Umkreis von fünf Kilometern der Holunderanbau verboten. Die Qualität wird seither vom Portweininstitut kontrolliert. So entwickelte der Weinbau ein besonderes Niveau. Damals war es nur wenigen Winzern gestattet, Wein für den Port zu keltern. Viele andere Weinbauern wurden reine Zulieferer. Es entstand eine Arbeitsteilung zwischen Weinbauern, Kellermeistern und Händlern. Seit dem EU-Beitritt Portugals dürfen alle Produzenten ihre Weine unabhängig vertreiben. Manche sagen: „Das Douro-Tal ist derzeit eine der spannendsten Weinbauregionen Europas."

Die Wanderwege sind steil und aussichtsreich. Immer wieder geht es durch die Weinberge, von Zeit zu Zeit zupft Paulo ein paar Trauben ab. Einer der schönsten Wege ist der Trilho de São Cristóvão do Douro, der sich von Pinhão hinaufschraubt nach Provesende, einem der hübschen Steindörfer der Region. Wir sitzen zwischen weiß verputzten Häusern, die krumm und schief eine kleine gepflasterte Fläche umstehen, die Largo da Praça heißt – „großer Platz". Am einen Ende eine Kapelle, am anderen zwei Cafés und das Rathaus. Wir trinken eine *bica* und essen die Spezialität der örtlichen Bäckerei: *bolos de carne* – „Fleischküchlein", das heißt Hackbraten im Brotteig.

DAS WEINLAND UND SEINE TRAUBEN

Seit mehr als 2.000 Jahren gehört Wein zu den Kulturgütern Portugals, und obwohl nur etwa drei Prozent der Landesfläche mit Wein bepflanzt sind, hat der Weinbau ganze Regionen geprägt. In Portugal gibt es 14 Weinbaugebiete. Einige sind bekannt: Vinho Verde im Norden, Dão im nördlichen Zentrum und Alentejo im Südosten. Weniger bekannt sind Trás-os-Montes, Beira Interior oder die Setúbal-Halbinsel, wo der wunderbare Moscatel entsteht. Portugal verfügt über eine enorme Vielfalt an Rebsorten: 500 teils autochthone – also nur hier vorkommende – Sorten. 341 davon sind für den Weinbau zugelassen. Die wichtigsten:

Paulo und Dirk naschen im Weinberg

Rot

Touriga Nacional
Die kleine Traube ist die edelste Rotweinsorte Portugals: von dunkler Farbe, gering im Ertrag, vielschichtig im Geschmack nach Johannisbeere und einem Hauch von Veilchen.

Touriga Franca
Die Kreuzung kommt so nur in Portugal vor. Die früher Touriga Francesca genannte Traube hat große, kraftvoll rote Früchte, die sehr unempfindlich sind. Sie schmecken fruchtig und frisch.

Tinta Roriz
Eine der edelsten Sorten der Region bildet mit den beiden Tourigas die Basis der meisten Rot- und Portweine aus dem Douro-Tal. Die Traube hat eine rot-schwarz-violette Farbe – und einen famosen Geschmack.

Tinto Cão
Warum diese Traube „roter Hund" heißt? Wir wissen es nicht. Die aromatische Frucht wird vor allem für Portwein genutzt.

Castelão
Außerhalb Portugals kaum bekannt, dabei hat mit der dunklen, kleinen Traube der Weinbau im Land begonnen – und noch heute nimmt sie den Großteil der für Rotwein verwendeten Rebfläche ein.

Weiß

Alvarinho
„Die kleine Weiße vom Rhein" ist gar nicht mit dem Riesling verwandt, wie man lange gedacht hat. Die Trauben sind klein, grün, haben eine feine Säure und eignen sich für Vinho Verde.

Malvasia Fina
Diese sehr alte Weißweinsorte wurde wohl von Römern eingeführt und ist immer noch beliebt. Die Früchte sind klein, grüngelblich, fruchtig.

Moscatel de Setúbal
Die Portugiesen sind verrückt nach dem goldenen, feinsüßen Dessertwein. Er wird aus dieser hellgelben Muskateller-Traube gekeltert.

Eine Messe endet. Wir kauen unsere Küchlein. Menschen kommen aus der Kapelle. Kleine, meist ältere Frauen, die sich für den Kirchgang fein gemacht haben. Ein paar wenige Männer in schwarzen Anzügen. Eine kurze, erstaunliche Betriebsamkeit. Dann fällt wieder Ruhe über diesen Ort, in dem vor einhundert Jahren noch 1.100 Menschen lebten. Aktuell sind es 350. Die Jungen zieht es in die Städte. Und so wird es stiller und stiller in den Gassen, durch die im Winter kalt der Wind fegt.

Unser Touren führen zu diversen Weingütern – etwa zur ausgezeichneten Quinta de la Rosa oder zur Quinta dos Aciprestes mit ihren wuchtigen Roten –, aber auch immer wieder aus dem Weinbaugebiet hinaus. Gerade der unwegsamere Osten wirkt so entlegen, dass wir manchmal einfach stehen bleiben und den Moment genießen: die Wärme der Sonne auf den Steinen, den Duft der Sträucher. Wir erreichen ein weiteres Dorf in den Bergen. Hier herrscht eine neue Betriebsamkeit, weil man einige Häuser zu Ferienunterkünften gemacht hat. Das Dorf als Hotel.

Wir wohnen im Haus Belmira, so hieß die letzte Bewohnerin. Es hat niedrige Türen und winzige Fenster. Die Schlafzimmer sind gemütlich. Es gibt ein großes Wohnzimmer, eine schöne Wohnküche und grandiose Gastfreundschaft. Zur Begrüßung steht eine kleine Flasche Port auf der Anrichte, es gibt frisch gebackene Kekse. Der Kühlschrank ist gefüllt mit Wein aus der Region. Man nimmt sich und bezahlt beim Auschecken.

Wir schlafen tief, stürzen uns früh am nächsten Tag in den eiskalten Pool. Dann sitzen wir in der wärmenden Morgensonne beim Frühstück. Duftender Kaffee, frisch gepresster Orangensaft, und schließlich stellt Dona Maria einen noch warmen Kuchen auf den Tisch. Wie es für sie sei, die Häuser ihrer früheren Nachbarn zu vermieten? Sie nestelt am Geschirrtuch, das den Kuchen abgedeckt hatte. Eine ältere Dame, die von Kindheit an in diesem Dorf wohnt. Jetzt sagt sie: „Es ist schön, dass hier wieder Leben herrscht."

Am Abend die letzte kleine Wanderung unserer Reise. Sie führt durch einen lichtdurchfluteten Mischwald oberhalb von Lamego. Weit geht der Blick über das Tal. Der Douro, die Weinhänge, der Horizont. Die Perspektive erinnert an die Karte, auf die wir im Frühjahr schauten. Es ist der Blick auf ein Land, das wir sehr genossen haben. Der Blick auf einen großartigen Geschmack.

Schlafen

Murça do Douro heißt eines der Dörfer, das keine Zukunft mehr zu haben schien. Bis es zum Hotel wurde. Bei den **Bairro do Casal** handelt es sich um liebevoll restaurierte Steinhäuser, die man mieten kann. Die Häuser teilen sich einen schönen Garten, einen Pool und den spektakulären Blick in die Berge. Die Anlage gehört zur Vereinigung Aldeias de Portugal – „Dörfer Portugals" –, die den Tourismus in ländlichen Gebieten fördert.

Rua do Casal, Murça do Douro
bairrodocasal.pt
aldeiasdeportugal.pt

Das Städtchen Sabrosa liegt auf einem Hügel. Ausgrabungen zeigen, dass hier schon vor 6.000 Jahren Menschen gesiedelt haben. Den berühmtesten Bürger der Stadt hat die Ferne begeistert: Ferdinand Magellan. Den historischen Geist des Ortes erlebt man als Gast im **Casa dos Barros Winery Hotel by Vintage Theory** – einem kleinen Stadtpalast aus dem 17. Jahrhundert mit einem schönen Garten, in dem Orangenbäumchen wachsen und ein Pool plätschert.

Rua da Madalena, Sabrosa
casadosbarros.dourovinhateiro.com

Fast alle Weingüter im Douro-Tal bieten auch Übernachtungen an. Dabei haben sich einige Weingüter zu richtigen Landhotels entwickelt, die Hausgäste profitieren meist von exklusiven Führungen. Wir haben uns in der **Quinta da Pacheca** sehr wohlgefühlt. Der Hotelbereich wurde um moderne Zimmer im Design-Hotel-Stil erweitert. Man kann aber auch in großen Weinfässern schlafen. Empfehlenswert ist das Restaurant, dort haben wir sehr lecker gegessen.

Rua do Relógio do Sol 261, Lamego
quintadapacheca.com

Bairro do Casal

Pinhão ist das touristische Zentrum der Region. Von hier aus verkehrt der Zug entlang des Flusses, von hier legen die Ausflugsboote ab, hier ist immer was los. Einer der Rising Stars im Douro-Tal ist das Weingut **Quinta de la Rosa**. Vom Weingut-Hotel aus hat man einen wunderbaren Blick auf das Treiben am Fluss – und stellt am Abend überrascht fest, wie ruhig es hier ist.

Pinhão
quintadelarosa.com

Nur einen Hundespaziergang von der Quinta da Pacheca entfernt – tatsächlich läuft die Haushündin täglich einmal rüber – liegt das **Six Senses Douro Valley**. Es ist ein sündhaft teures Luxusresort und ein fantastisches Hotel. Wir haben einen Nachmittag auf der wundervollen Terrasse genossen und ein Vermögen ausgegeben für sehr leckere alkoholfreie Cocktails.

Quinta de Vale de Abraão, Samodães
sixsenses.com

BLOCKBUSTER DER VORZEIT

Eigentlich sollte hier ein gewaltiger See entstehen. Doch dann fanden Archäologen im Côa-Tal, am Oberlauf des Douro, altsteinzeitliche Felsenkunst – und retteten diese vor dem Untergang.

Der betagte Range Rover bockt über Steine und poltert durch Schlaglöcher. Eine Fahrt wie ein Rodeo. Durch das Heulen des Motors und das Ächzen der Karosse erzählt Guide Luís, dass hier im Côa-Tal ein Stausee entstehen sollte. Die Bauarbeiten hatten schon begonnen. Bagger und Lastwagen waren angerückt. Eine Seilbahn brachte den Beton zum ersten Abschnitt der Mauer. „Die steht noch." Da erkannte ein Archäologe, dass die „Kratzer", die man auf einigen Felsen gefunden hatte, Tiere zeigen. Große, kleine, behörnte. Keine Frage: Es sind Zeichnungen!

Der Fund war eine Sensation. Wissenschaftler wandten sich an die portugiesische Regierung. Das Côa-Tal mit seiner Felsenkunst aus der Altsteinzeit wurde zum UNESCO-Weltkulturerbe erklärt, die Bauarbeiten wurden eingestellt. Es entstand der erste Archäologische Park des Landes. Die Stars: Petroglyphen aus dem Paläolithikum. Bei Tag erinnern die Ritzzeichnungen eher an Scratch-Graffiti, bei Nacht aber erwachen sie zum Leben.

Luís hat den Geländewagen am Ufer abgestellt. Es ist dunkel. Kühl zieht der Fluss an uns vorbei. Etwa 20 Meter breit ist der Côa hier. Hohe Büsche säumen seine Ufer. Ein Vogelschwarm zieht durch die Luft, Fledermäuse schwirren um unsere Köpfe. Wir erreichen den ersten Fels.

Luís hält seine Lampe von unten gegen einen Stein. Die Linien fügen sich zu Bildern. Hörner, ein stilisierter Kopf, der Körper eines Auerochsen. Das Licht der Lampe erweckt das Tier aus der Vorzeit zum Leben. Der nächste Fels. Eine Kuh, hier eine weitere. Und da. Eine Herde? An manchen Stellen ist Fantasie nötig. Und doch berührt dieser Ort. Die Vorstellung, dass hier vor Tausenden von Jahren vielleicht jemand wie Luís gestanden hat. Eine Fackel in der Hand. Outdoor-Kino aus der Altsteinzeit.

Fundação Côa Parque
Eine Reservierung per E-Mail oder telefonisch ist empfehlenswert.
Im Museum gibt es auch ein Restaurant mit großartigem Blick, ausgewählten Weinen und gutem Essen.
arte-coa.pt

Abendliche Tour im Côa-Tal

Praia de Leça da Palmeira
Praia de Matosinhos
Porto
Praia do Homem do Leme
Casa da Música
Praia de Gondarém
Praia dos Ingleses
Spaziergang am Douro (Seite 30)
Praia do Carneiro
Douro
Caves Ferreira
Praia do Cabedelo do Douro
Graham's Port Lodge
WOW
Vila Nova de Gaia
PORTO
0 1000 2000 3000
Meter

Street-Art und viel Optimismus

Eine Straßenbahn rumpelt aus der Innenstadt bis an den Strand, abends tobt das Leben an den Ufern des Flusses, und ein Spaziergang führt tief hinein in die Geschichte einer Stadt, die vor gar nicht allzu langer Zeit bitterarm war – heute erlebt man in Porto vor allem Eines: Aufbruchstimmung.

„Better do it with an Architect" heißt es auf dem Aufkleber im gewöhnlichen Fenster eines ganz und gar ungewöhnlichen Hauses. Es ist so schmal wie die anderen, die die Gassen von Vila Nova de Gaia hinunter zum Fluss säumen. Dicht an dicht drängen sie sich. Winzige Häuser, die meisten in einem schaurigen Zustand. Doch dieses sieht aus wie neu. Durch ein vorhangloses Fenster geht der Blick in ein Inneres, das aussieht wie von M. C. Escher gezeichnet: ein offener Raum, schmale, geländerlose Treppen schmiegen sich an Sichtbetonwände. Und plötzlich sehen wir in das bärtige Gesicht eines Mannes. Er schaut irritiert, zeigt auf sich und öffnet die Haustür. Was als ein Missverständnis beginnt - wir hielten das Haus für das Büro der Architekten - entpuppt sich als Glücksfall. Denn Carlos bittet uns hinein.

Höchstens vier Meter breit ist der Raum. An der linken Wand führt eine schmale Treppe in die nächsttiefere Etage, an der rechten Wand eine schmale Treppe in die nächsthöhere. Eine Küche, ein Wohnzimmer, ein winziges Bad und ein Schlafzimmer. Kleine Räume, übereinandergestapelt. Ganz oben eine Terrasse mit großartigem Blick über Vila Nova de Gaia, den Douro und Porto auf der gegenüberliegenden Seite. Wow!

Carlos hat das Haus von seinem Großvater geerbt und mit einem lokalen Architekturbüro modernisieren lassen. Große Glasflächen durchziehen die rückwärtige Fassade. Der Visual Artist und Performancekünstler, der mit seinen Produktionen an Theaterfestivals in aller Welt teilnimmt, zählt zu den ersten, die die alten Stadtteile am Fluss neu entdecken. Sein Haus sei typisch für Porto, sagt Carlos. Als Unterkünfte für die Arbeiter im Hafen und in den Weinlagern waren sie errichtet worden. Es ist gar nicht lange her, da galten die heute so beliebten Stadtteile am Fluss als miese Gegenden. Teleférico auf dieser Seite des Douro und Ribeira auf der anderen Seite waren eher Armenviertel. „Mein Großvater hat hier gelebt."

Carlos in seinem grandiosen Haus

Mitte des 19. Jahrhunderts ist Porto eine Stadt mit rund 80.000 Einwohnern. Stoffe werden gewebt, Lederwaren gefertigt, Weine verschifft. Allmählich entwickelt sich die Stadt zum industriellen Zentrum des Landes, innerhalb weniger Jahrzehnte verdoppelt sich die Zahl der hier lebenden Menschen, 1900 sind es 167.955.

Um sie unterzubringen, entsteht ein einzigartiges Wohnkonzept – die *ilhas*. Bei den „Inseln" handelt es sich um winzige, eingeschossige Häuser mit einer Grundfläche von vier mal vier Metern. Sie verfügen über einen Hauptraum mit Küche, ein Schlafzimmer und ein Gemeinschaftsbad, das sich die Einwohner von fünf Häusern teilen.

Unter der Diktatur Salazars verkommt das einst reiche Portugal zu einem armen Land, Porto wird sein Armenhaus. Wer heute eine der Touren auf den Percursos das Memórias unternimmt, kann bei diesen „Stadtrundgängen der Erinnerungen" nachempfinden, wie es war, in den winzigen Häusern zu leben. Der 70-jährige Candido - zerfurchtes Gesicht, schwarzer Anzug, ausgebeulter Hut - erzählt vom Alltag in den *ilhas*. Zu acht hätten sie in der Wohnung gelebt, sich zu dritt ein Bett geteilt. Die Wände waren feucht, der Hunger war allgegenwärtig. Und auch die Tuberkulose.

Nicht die Nelkenrevolution Mitte der 1970er-Jahre bringt den Aufschwung, nicht der EU-Beitritt Portugals Mitte der 1980er, auch nicht, dass die Altstadt Mitte der 1990er UNESCO-Weltkulturerbe wird. Es ist das Jahr 2013: Die ersten Billigflieger landen in Porto. Es spricht sich herum, dass die Stadt einen gewissen, leicht morbiden Charme hat. Und seither steht Porto auf immer mehr Bucket Lists.

Die Skyline wird geprägt von der zweigeschossigen Brücke Dom Luís I. Von der oberen Ebene hat man einen grandiosen Blick auf den Douro, auf Vila Nova de Gaia und Porto. Sie ist eine der vielen Brücken, die die beiden miteinander verschmolzenen Städte verbindet. Und ein guter Ausgangspunkt für einen Spaziergang.

Auf der einen Seite ragt das Mosteiro da Serra do Pilar empor, ein ehemaliges Bergkloster. Man blickt auf einige der Kellereien, in denen die Ports reifen - Burmester, Kopke, Sandeman, Ferreira, Graham's. Auf der anderen Seite die Kathedrale von Porto, das Convento dos Grilos, geprägt von der barocken Architektur Portos, für die ein Italiener verantwortlich ist.

Wir geben uns dem Sog der *avenidas* hin, passieren den Bahnhof São Bento mit seiner von Azulejos ausgekleideten Haupthalle. Die weiten Straßen münden in repräsentative Plätze. Es gibt viel bemerkenswerte Architektur - das berühmte Rathaus mit seinem markanten Turm, die Jardins do Palácio de Cristal mit ihren schönen Gärten und der ufo-förmigen Super Bock Arena. Oder die irgendwie kopfüber stehende Casa da Música. Rem Kolhaas hat die Konzerthalle geschaffen, Stefan Sagmeister hat sie ausgestaltet. Architektur ist hier Auflehnung gegen den rechten Winkel, Innenräume wie eine Skulptur.

Unser Abend beginnt im Univiertel am Campo dos Mártires da Pátria mit seiner Allee aus kupierten Mammutbäumen und den vielen kleinen

Casa da Música

Straßencafés und -bars. Später besuchen wir eines der Restaurants, die uns Carlos empfohlen hat. Das Emotivo ist ein Schmuckkästchen in einer Seitenstraße. Hinter der großen Glasscheibe eine Einrichtung aus dunklem Grün, Gold und warmen Holztöne. Sechs oder sieben Tische, drei Frauen, die sich Küche und Service teilen – und eine Vielzahl prächtiger kleiner Speisen auf bunten Tellern servieren.

Eine Crème Brûlée mit Kastanienmehl, eine *Brisas do Liz* genannte Eierspeise, dazu ein schmeichlerischer Kirschlikör, der *ginja* heißt. Wir bleiben lange. Lisa erzählt vom Enthusiasmus, mit dem sie ihr Projekt gestartet haben. Von der Küche der Regionen, die sie hier zubereiten vor der übergroßen Karte Portugals an der Wand. Porto als Melting Pot.

In der Dunkelheit streifen wir durch die verblüffend ruhigen Gassen der Stadt. Wir nehmen noch einen Absacker am Fluss, lassen zum Bier die Beine über die Kaimauer baumeln. Dunkel und ruhig zieht der Douro vor uns dahin. Wir schauen auf die Häuser von Vila Nova de Gaia. Und sehen Carlos' markantes Fenster. Es brennt noch Licht.

carlosazeredomesquita.com

Restaurant Emotivo

Essen

Wir können das kleine Restaurant **Emotivo** nur wärmsten Herzens empfehlen: Tolles Ambiente, tolle Küche, tolles Team.

Rua do Rosário 124
emotivo.pt

Neben der Estação de São Bento steht ein unscheinbares Haus und davor sicherlich eine Schlange von Menschen, die auf einen Tisch im **Tapabento** warten. In der offenen Küche arbeitet auf engstem Raum eine wahrlich virtuose Mannschaft. Das Warten lohnt sich.

Rua da Madeira 222
tapabento.com

Für uns gibt es irgendwann den Moment, in dem wir ausbrechen müssen aus der portugiesischen Kost mit Fisch, Fleisch und Kartoffeln – dafür eignet sich **Nonna Piazza**. Für alle, denen es ähnlich gehen sollte…

Praça da Parada Leitão 39
nonnapiazza.pt

Apartment with a view: Oh! Porto

Für einen Snack oder einfach auf einen Drink vor dem Abendessen empfehlen wir die **Adega Leonor** am Campo dos Mártires da Pátria nahe der Uni. Sollte es hier zu voll sein, gibt es genügend Alternativen. Und die Straßenpinten nehmen sich eigentlich nichts.

Campo dos Mártires da Pátria 58

Schlafen

Unweit der Jardins do Palácio de Cristal wurde eines der typischen Bürgerhäuser Portos in ein Apartmenthaus umgewandelt. Die Inhaberin begrüßt die Gäste im **Predicados do Douro Palace** und serviert am Morgen auch das Frühstück.

Rua de Dom Manuel II 246
predicadosdodouro.pt

Das Kloster im Fels am unteren Flusslauf stand lange leer. Unlängst hat das Biohotel **Neya** das Gebäude übernommen. Die Architektur ist spektakulär: Moderne meets Mittelalter. Von der Dachterrasse hat man einen tollen Blick.

Rua de Monchique 35–41
porto.neyahotels.com

Wer in Porto gräbt, wird ungewollt zum Archäologen. So auch die Betreiber des Hotels **Carrís Porto Ribeira**, die bei der Erweiterung römische Ruinen freilegten und um diese ihre Bar bauten. Das große Hotel punktet mit schönen Designideen und guter Lage.

Rua Infante Dom Henrique 1
carrishoteles.com/en/carris-porto-ribeira-hotel

Joana und ihr Mann betreiben das Restaurant Douro Velho direkt am Fluss und bieten darüber die schönen **296 Heritage Apartments** an. Historische Architektur, große Zimmer, von denen viele einen Blick auf den Fluss bieten, und eine kleine Dachterrasse.

Avenida de Diogo Leite 296, Vila Nova de Gaia
296.pt

Wenn jemand wissen will, wie es sich wohl anfühlt, so zu wohnen wie Carlos, dann empfehlen wir **Oh! Porto**. Die Apartments sind meisterlich in eines der wahnwitzig engen Häuschen unterhalb der Festung integriert: Sichtbeton, Stahl, Glas. Modern und doch cozy.

Calçada da Serra 85, Vila Nova de Gaia
ohporto.com

Entdecken

Claus Porto reinigt nicht bloß, die feinen, immer besonders schön verpackten Seifen verströmen auch einen ganz besonderen Duft: Mandelöl und Jasmin, Tonka oder Zitronenverbene – intensive Aromen, die Zuhause noch lange an einen Abend in Porto erinnern.

Rua das Flores 22
clausporto.com

NUR ECHT MIT SAUCE

Als kulinarisches Highlight Portos gilt folgendes Sandwich: Man nehme eine Scheibe geröstetes Weißbrot, belegt es mit einem kleinen Steak, Schinken oder Würstchen. Darauf gibt man ein Ei. Das Ganze wird dann im Grill mit Käse überbacken und schließlich in Bratensauce serviert – voilà: *francesinha*. Warum diese Variante eines Hamburgers „kleine Französin" heißt, lässt sich nicht mehr zweifelsfrei ergründen. In der Zubereitung gibt es erhebliche Qualitätsunterschiede. Anbei unsere Tipps, zusammengestellt mit Unterstützung des Teams im Emotivo.

Die Wände sind halbhoch gefliest, große Flachbild-TVs hängen von der Decke, in der Deko stehen unzählige Auszeichungen. Seit Anthony Bourdain hier gegessen hat, häufen sich die Lobeshymnen auf TripAdvisor, und so zählt das **O Afonso** zu einem der meist besuchten *francesinha*-Lokale der Stadt. Zu recht.

Rua da Torrinha 219
facebook.com/oafonsofrancesinhas

Kaum vorstellbar, dass sich eine Berliner Currywurstbude selbst als gastronomische Ikone der Stadt bezeichnen würde (oder doch?). Das **Café Santiago** kennt da keine Hemmungen: Man behauptet zudem, eines der zehn besten Restaurants für *francesinhas* zu sein. Und viele Genießer stimmen zu.

Rua de Passos Manuel 226
cafesantiago.pt

Mit seiner Historie wirbt das **Café Luso**: Seit 1935 gibt es das Lokal an der Praça de Carlos Alberto. Man sitzt sehr schön auf der Terrasse mit ihren großen braunen Schirmen. Die *francesinha* wird hier in diversen Varianten serviert – mit oder ohne Fritten, mit Ei oder mit Steak, aber immer mit viel Sauce.

Praça de Carlos Alberto 92
instagram.com/cafeluso1935

EINE KURZE GESCHICHTE DES PORTS

Wein ist eine Mimose, am besten lagert man ihn dunkel, kühl, ohne zu schütteln. Was aber, wenn er an Bord eines Schiffes transportiert werden muss? Damit er bei Ankunft nicht nach Essig schmeckte, kam ein Winzer auf die Idee, den Gärprozess mit Ethylalkohol zu stoppen. Später zeigte sich, dass der „aufgespritete" Portwein durch die Lagerung enorm an Geschmack gewinnt. Es gibt zwei Varianten: Der rote Ruby reift in der Flasche, der goldbraune Tawny lagert in kleinen Fässern, den Pipes. Für beide gibt es diverse Spielarten: Wenn etwa nur Trauben alter Rebstöcke verwendet werden oder wenn der Port über Jahre bzw. gar Jahrzehnte in Flasche oder Fass reift.

Um die Qualität des süßen Weins zu wahren, ließ Mitte des 18. Jahrhunderts der Ministerpräsident Marquês de Pombal das Anbaugebiet im Douro-Tal begrenzen, Regionen und Reben definieren und gründete den Vorläufer des Portweininstituts, um über die Einhaltung dieser Vorgaben zu wachen. Noch heute regelt es die wichtigsten Fragen, etwa ob ein Jahrgang so gut ist, dass er die Bezeichnung „vintage" verdient. Rund 30.000 Winzer gibt es im Douro-Tal. Von den 80 Traubensorten der Region sind knapp 40 für den Portwein zugelassen. Während für weißen Port überwiegend Rabigato und Códega Malvasia Fina verwendet werden, sind es im roten Tinta Roriz, Touriga Nacional, Touriga Franca, Tinto Cão und Sousão.

Portweinkeller in Vila Nova de Gaia

Burmester wurde 1730 von Deutschen gegründet und ist als Portweinhändler bekannt für seine Tawnys. Heute gehört Burmester – wie die ebenfalls von Deutschen gegründete Marke Kopke – zur Sogevinus-Gruppe. Die Verkostungsräume nahe der berühmten Brücke lohnen den Besuch.

Largo Dom Luís I
burmester.pt

Ferreira wurde über viele Jahre von einer jung verwitweten Frau geführt (dank des Auftriebs, den ihr Rock erzeugte, soll sie sogar einen Sturz in den Douro überlebt haben). Ferreira gehört zu Sogrape, einem der größten Spirituosenhersteller der Welt. Die Ports entstehen unabhängig.

Avenida de Ramos Pinto 70
sogrape.com

Portweinfässer im Douro-Tal

Graham's hat am Hang eine Port Lodge eröffnet, das Restaurant mit Terrasse bietet einen tollen Blick über die Stadt. Vor rund 100 Jahren hat ein gewisser Andrew Symington bei Graham's gearbeitet und später einen eigenen Porthandel gegründet, der wiederum inzwischen größter Portweinanbieter Portugals und Inhaber von Graham's ist.

Rua do Agro 141
grahams-port.com

World of Wine (WOW) Nicht wenige befürchteten, dass hier ein Portwein-Disneyland entstünde, als die Pläne für die World of Wine bekannt wurden. Inzwischen müssen auch die Kritiker anerkennen, dass der Komplex eine informative Einführung in den Portweinkosmos bietet.

Rua do Choupelo 39
wow.pt

DIE WICHTIGSTEN PORTWEIN-SORTEN

Ruby
Ein Blend junger Jahrgänge, reift zwei oder drei Jahre in großen Fässern. Namensgebend ist die rubinrote Farbe. Rubys funkeln, sind fruchtig und haben eine feine Süße.

Vintage
Nur herausragende Jahrgänge erhalten das Prädikat vintage. Die Weine lagern bis zu vier Jahre im Fass und reifen mindestens zehn, manche 40, 50 Jahre in der Flasche. Von tiefvioletter Farbe, fast schwarzrot, ein Duft nach dunklen Beeren und Feigen.

Tawny
Nach zwei bis drei Jahren in großen Tanks wird der Wein in kleine Holzfässer umgefüllt, die Pipes. Sie sorgen für Aroma und Farbe: goldbraun, im Geschmack eine spezielle, würzige Süße.

Late Bottled Vintage (LBV)
Ein Blend aus Trauben eines Jahrgangs lagert bis zu sechs Jahre in den Pipes und wird dann erst abgefüllt, „late bottled". Der LBV ist tiefdunkelbraunrot, sehr weich, mit Aromen von getrockneten Pflaumen.

White Port
Aus weißen Trauben gekeltert lagert dieser Wein bis zu drei Jahre im Fass. Bei weißen Ports wird der Süßegrad angegeben – von *muito doce* (sehr süß) bis *extra seco* (sehr trocken).

Rosé Port
Er kam 2008 auf den Markt und ist inzwischen sehr beliebt.
Die Farbe changiert von blassem Rosa bis Pink. Dieser fruchtige Port wird gekühlt serviert oder in Cocktails verwendet.

LEBEN AM FLUSS

Ursprünglich war der Douro vor allem eine Wasserstraße, über die der Portwein aus den Weinbergen in die Reifekeller transportiert wurde. Im Lauf der Zeit hat er sich zur Kulisse für ein Lebensgefühl entwickelt. Ein Spaziergang von der Mündung in die Stadt.

Wer ein paar Tage in Porto verbringt, hat sicherlich die Badesachen dabei. Wir empfehlen, mit dem Bus oder dem Taxi an den Strand zu fahren. Und dann am späten Nachmittag oder frühen Abend zurück in die Stadt zu schlendern. Es sind rund sechs Kilometer. Wenn man durchmarschiert, dauert das etwas mehr als eine Stunde. Wenn man sich Zeit lässt, vielleicht zwei oder drei. Man kann sich auch Fahrräder leihen, die stehen überall herum. Oder man steigt für den mittleren Abschnitt in die Straßenbahn.

Kilometer 0

O Sonho da Humanidade heißt das Kunstwerk, eine Hommage an den Schriftsteller und Journalisten José Maria Ferreira de Castro, den wichtigsten Vertreter des Neorealismus in Portugal. Hier mündet der Douro in den Atlantik. Wer sich Zeit nimmt, streift durch den Jardim do Passeio Alegre, einen Park aus dem 19. Jahrhundert mit See.

Kilometer 0,6

Der **Marégrafo da Foz do Douro** ist ein historischer Wasserstandsmesser mit einem Leuchtturm und einer kleinen Kapelle. Von hier hat man einen schönen Blick den Fluss hinauf bis zur ersten großen Brücke. Wer eine Pause braucht, findet an der Promenade einige Einkehrmöglichkeiten. Ab Foz do Douro rumpelt die Eléctrico gen Innenstadt.

Kilometer 1,5

Im Fluss eine Sandbank mit schwarzem Fels, links die hohe lange Mauer einer Kaserne – der **Jardim do Cálem** ist eine hübsch gelegene Grünanlage mit hohen Schwarzpappeln. Ein bei Birdwatchern sehr beliebter Ort.

Kilometer 2,0

Menino do Douro heißt die kleine Kaianlage, von der aus eine Fähre auf die andere Seite des Flusses übersetzt. Afurada ist ein recht authentisches Fischerdorf. Wer nicht übersetzt und eine kleine Pause braucht, findet rund um den Anleger einige Snackbars.

Kilometer 2,8

Hier unterquert man die **Ponte da Arrábida**, die Autobahnbrücke hat eine Höhe über dem Wasser von etwa 70 Metern und eine Spannweite von

Abendstimmung in Portos Stadtteil Ribeira

270 Metern. Damit war sie einst die größte Stahlbetonbogenbrücke der Welt. Heute werden Klettertouren über die Brücke angeboten.

Kilometer 3,8

Während die neue Straße über den Fluss ausschert und so **Massarelos** umfährt, folgen Fußgänger und Radfahrer ab dem Straßenbahn-Museum den Schienen und passieren so diese kleine Siedlung am Ufer unterhalb der Jardins do Palacio.

Kilometer 4,3

Die **Ruínas do Convento de Monchique** sind heute ein Teil des Biohotels Neya. Es beeindruckt nicht nur mit seiner Architektur, sondern auch mit seiner schönen Rooftop-Bar. Ein perfekter Ort für einen Sundowner. Die großen Hallen am Fluss, auf die man nun schaut, bergen das Museum für Verkehr und Kommunikation.

Kilometer 5,0

Hinter dem quirligen Flussstadtteil **São João Novo** erhebt sich wuchtig der Klosterkomplex des Franziskanerordens – mit gotischer Kirche, klassizistischem Haupthaus und einem Hospital.

Kilometer 5,2

Wir kaufen in der Eisentragwerkhalle des Mercado Ferreira Borges einen Snack und sitzen im **Jardim do Infante Dom Henrique**. Der Blick geht auf das Getümmel und bis hinab zum Cais da Estiva am Fluss.

Kilometer 6

Die untere Ebene der **Ponte Luís I.** dient Autos und Radfahrern, die obere der Straßenbahn und den Fußgängern mit tollem Blick auf den Fluss. Auf der anderen Seite liegt das Ufer von Vila Nova de Gaia.

André Carvalho vor der Zentrale des Circus Networks in Porto

KUNST IM ÖFFENTLICHEN RAUM

Wer in Porto unterwegs ist, kann die vielen Murals kaum übersehen. Wir treffen André Carvalho, der Schallplatten und Spraydosen verkauft – und dessen Circus Network sich als ein Sprachrohr der Street-Art versteht.

Während sich die Hälfte unseres Teams in den Kunstband *Bike Art* verguckt, berät unser Gesprächspartner einen Kunden, der Spraydosen kaufen will, aber noch überlegt, wie viele er braucht. Wie groß soll das Paste-up werden? Muss die ganze Fläche grundiert werden? Schließlich verlässt er mit dem Arm voller Dosen den Laden. Die Zentrale des Circus Network ist Galerie, Buchhandlung, Plattenladen, Büro, Treffpunkt und Verkaufsraum.

„Man könnte sagen, dies ist das inoffizielle Zentrum für Street-Art in Porto", antwortet André auf die Frage, wie man das Netzwerk beschreiben könne. Er selbst ist Inhaber, Kurator, aber auch Berater für den Umgang mit einer neuen Kunstszene. Während Street-Art in vielen europäischen Metropolen – André schwärmt von Berlin – geradezu boome, fehle in Porto noch das Verständnis dafür. Dabei gebe es hier bereits besondere Murals.

Was Kunst und Kunstförderung betrifft, so sieht André einen gewaltigen Gap in Portugal. Ein Großteil der Gelder gehe nach Lissabon, etwa 20 Prozent komme in Porto an, in den anderen Städten so gut wie nichts. Für Street-Art bleibe davon kaum etwas übrig. Viele hätten kaum Verständnis für diese Kunstform. Und so ist André viel im europäischen Ausland unterwegs, um über die Szene in Portugal zu berichten. Er mag Hamburg, er liebt Berlin, er plant gerade eine Ausstellung mit Arbeiten eines Berliner Künstlers.

Der 31-Jährige mit dem dichten schwarzen Bart meint, dass die aktuellen Projekte in der Stadt die Kunstszene der nächsten 20 Jahre prägen werden. Und die Street-Art werde ein gewichtiger Teil davon sein, ob man das akzeptiere oder nicht. Es gebe aber einfach zu wenige „legal walls", das berge viel Konfliktpotenzial. Dabei sehe er jetzt schon, dass viele Besucher auch in die Stadt kämen, um die Murals zu fotografieren und in ihren Instagram-Feeds zu zeigen. Man brauche doch nur einmal den Hashtag Porto einzugeben.

Als er darüber spricht, wie der Tourismus die Stadt verändere, fragen wir ihn, wie sich das auf sein Leben auswirke. André sagt, die Zeiten seien spannend und „verrückt". So haben seine Lebensgefährtin und er vor Jahren ein kleines Haus gekauft, für 160.000 Euro. Inzwischen sei es mehr als eine Million Euro wert. Er schüttelt den Kopf und lacht. Was nütze es, ein Papiermillionär zu sein? „Der Immobilienmarkt ist total leer gefegt. Aber ich kann mir nicht vorstellen, woanders zu leben als hier – in Porto."

Circus Network, Rua do Rosário 54
circusnetwork.net

Die schönsten Strände im Norden

Portugal verfügt über 832 Kilometer Küste und 352 überwachte Strände, die mit einer blauen Flagge gekennzeichnet sind, davon sind 214 barrierefrei. Das Strandleben in Portugal ist … sagen wir mal … anders. Ein guter Strand, da sind sich die Portugiesen einig, ist nicht einsam, sondern verfügt über eine solide Infrastruktur: Parkplätze, Toiletten und – das ist sehr wichtig! – Strandpinten. Das Essen ist hier meist gut, einige Strandpinten sind so berühmt, dass man warten muss. Denn auch die Portugiesen lieben es, an einem milden Abend in einem tollen Strandrestaurant zu essen.

COSTA VERDE

Die „grüne Küste" reicht von der Grenze zu Spanien bis zur Grenze zwischen den Distrikten Porto und Aveiro. Hier gibt es weite und vielfach einsame Strände für lange Spaziergänge.

Viana do Castelo
Eine der attraktivsten Städte Portugals? Viana do Castelo. Dafür sorgen Tourismus, Schiffsbau, Start ups und die Nähe zu Spanien. Das US-Magazin *National Geographic* hat zudem für viel Stolz gesorgt, als es den Blick über die Basílica de Santa Luzia auf den Hafen und die Küste als eines der schönsten Panoramen der Welt bezeichnete. Und die Praça da República gilt als einer der romantischsten Plätze. Die 90.000-Einwohner-Stadt hat auch einige schöne Strände.

Praia da Duna do Caldeirão
Zwischen Viana und der spanischen Grenze befindet sich dieser schöne Sandstrand, ein kleiner Fluss, eine Festung, ein Fußballplatz, in der Ferne die Berge des spanischen Naturparks Monte Aloya.

Praia da Arda
Ein perfekter Strand – breit, feinsandig, großartiger Blick. Der nahe Stellplatz ist beliebt bei Wohnmobilreisenden und Vanlifern. Wie für alle Strände im Norden gilt auch hier: Es kann tüchtig windig werden.

Praia do Cabedelo
Im Windschatten der Mole mit dem kleinen Leuchtturm kann man durchaus vergessen, dass es auch im Norden Portugals manchmal ganz schön nordisch sein kann.

Praia da Amorosa
Hinter Dünen liegt der „Strand der Verliebten". Im Wasser brechen Felsen die Wellen. Weil es hier windig sein kann, muss man zusammen rücken – daher

der Name? Die Ausstattung ist gut: mit *cabana*-Verleih und Strandpinte.

PORTO

Die Strände von Porto sind eher klein, aber hey, eine Großstadt mit Strand? Wir empfehlen, für einen Citytrip nach Porto Badesachen mitzubringen. Für einen Strandausflug nutzt man eines der günstigen Leihräder. Oder man nimmt die Eléctrico, die Wagen der Linha 1 fahren von der Innenstadt bis zum Jardim do Passeio Alegre. Von da aus sind es nur noch 300 bis 500 Meter zum Meer. Unsere Favoriten:

Praia de Matosinhos
Der Strand hinter der Hafenmole von Leixões liegt im Windschatten, weshalb Familien gern herkommen. Man hat einen schönen Blick auf das Castelo do Queijo und auf die großen Schiffe. Die Wasserqualität wird kontrolliert.

Praia do Homem do Leme
Hinter einem schmalen Kiefernwäldchen öffnet sich der kleine „Strand der Steuermänner“. Er eignet sich perfekt für Paare. Und für alle, die gern gut essen: Zwei Strandpinten – Bar Praia do Aquário Caro“ und „Bar Homem Do Leme – bieten frischen Fisch und einen tollen Blick auf den Sonnenuntergang.

Praia Ingleses
Goldgelber Sand, schwarze Felsen und so manch rot gebrutzelter Tourist. Warum dies der „Strand der Engländer“ sein soll, versuchen wir noch herauszukriegen. Bis dahin empfiehlt es sich einfach, diesen Ort zu genießen.

Praia do Carneiro
Ein wenig verdeckt von der Festung São João Batista liegt der kleine „Strand der Schafe“ mit Blick auf einen der beiden Leuchttürme an der Mündung des Douro. Die nahe Bushaltestelle heißt Praia do Ourigo. Dank der Brandungsmauern ist das Wasser hier immer sehr ruhig.

„O salziges Meer, wie viel von deinem
Salz sind Tränen aus Portugal?“

FERNANDO PESSOA

ZENTRUM

Wellen, Wälder und das Glück der Weite

Wenn wir erzählen, dass wir sehr schöne Tage in der Serra da Estrela verbracht haben, sehen uns selbst viele Portugiesen mit großen Augen an und fragen: „Wie ist es da?“ Auch der Wald der Seefahrer, das Kleinod von Buçaco, ist vielen kaum bekannt. Dabei ist er unbedingt einen Besuch wert. Lustig war unser Surfkurs bei Miguel, dessen Lieblingssatz lautete: „Relax on the board!“ Doch erleben gerade Anfänger beim Surfen wohl immer auch den einen oder anderen sehr unrelaxten Moment.

Das gilt auch für die Surfer-Girls und -Boys, die sich in die Klauen der „Witwenmacher von Nazaré“ begeben.

Blick über die Serra da Estrela

SERRA DA ESTRELA

Im Zauberwald der Sterne

Viele Portugiesen fahren nie in die Berge. Zu kalt, zu rau, da leben die *caipira* – die Hinterwäldler. Dabei ist es eine Welt voller Entdeckungen. Eine Exkursion in die wildromantische Serra da Estrela, mit knapp 2.000 Metern das höchste Gebirge des Festlands, belohnt mit einzigartiger Natur und schönen Hotels.

„Man sagt, die Kastanienbäume hier wachsen 300 Jahre, dann leben sie 300 Jahre, und schließlich sterben sie 300 Jahre.“ Wir sind nicht weit gekommen auf unserer naturkundlichen Wanderung durch diesen Teil der Serra da Estrela. Wir haben das Dörflein Lapa dos Dinheiros verlassen und gehen nun durch einen eigenwillig-knorrigen Wald. Der Boden ist von knisterndem Laub bedeckt, abgebrochene Äste ragen daraus empor und große Felsbrocken. Flechten und Moose fühlen sich hier wohl, Farne und junge Birken. Alle paar Schritte erhebt sich einer der alten Kastanienbäume.

Sie sind mystisch wirkende Sendboten der Zeit. Die Stämme seltsam verdreht, oft hohl, die Rinde furchig und löchrig. Nur einige der Baumgreise ragen mehr als zehn Meter empor. Kastanien sind Nutzpflanzen. Aus ihrer Rinde werden Körbe geflochten, aus ihrem Holz baut man Möbel und Häuser. Dafür werden die Bäume nicht gefällt, sondern beschnitten. Das erklärt, warum selbst alte Kastanien noch junge Triebe haben. Jetzt legt Zé, unser Guide, seine Hand auf einen Stamm. „Hier sieht man noch die Veredelungsnarbe“, sagt er, zeigt auf eine Verdickung und tätschelt sie wie den Hals eines Pferdes. „Die Markierung dürfte 200 Jahre alt sein. Es berührt mich, wenn ich mir vorstelle, dass dies vielleicht das Werk meiner Vorfahren ist.“

Ein warmer Spätsommertag in der Serra da Estrela, in den „Bergen der Sterne“. Bis auf 1.995 Meter erheben sich hier die höchsten Gipfel Kontinental-portugals. Auf einem wurde sogar ein Skilift errichtet – bestimmt der westlichste Europas. Nicht steil und schroff, sondern rund und weich wölbt sich das Sternengebirge gen Himmel. Unser Hotel liegt in einem Dorf auf 750 Metern Höhe. Immer enger, immer steiler werdende Gassen führen nach Lapa dos Dinheiros. Ein wahnsinniger Blick in die Ferne entlohnt für die Fahrt über Serpentinen. In allen Rottönen der Welt geht die Sonne unter. Dann fällt die Dämmerung auf das Land und im Himmel beginnen die Sterne zu funkeln. Sie wirken zum Greifen nah – in den Bergen der Sterne.

Am nächsten Morgen füllt Nebel das Tal. Wir sind verabredet zur Wanderung mit José Conde. Der Biologe sagt, er sei schon als Kind anders als andere Kinder gewesen. Er ist in Lissabon geboren, aber seine Eltern stammen aus der Serra da Estrela. Bald ergaben sie sich ihrem Heimweh und zogen zurück. José wuchs hier auf. Wenn er mit Freunden im Wald war, spielte er nicht Verstecken, sondern begann mit einer Lupe zu entdecken. Trafen sich die jungen Leute später zum Grillen, brachten die einen Bier mit, José ein Teleskop. Zum Studium der endemischen Fledermäuse begab er sich so tief in ein nahes Höhlensystem, dass seine Taschenlampe ausfiel und er nur mit Glück zurückfand. Er lacht, als er uns später auf allen vieren in genau die Höhle führt. Da haben wir uns längst angefreundet. „Nennt mich Zé."

Mit Zé durch die Serra da Estrela zu ziehen, verändert den Blick auf diese Bergwelt. Er zeigt uns, dass die Hänge im Süden und Westen mit dichtem Buschwerk bewachsen sind. In den forstwirtschaftlich genutzten Bereichen stehen vor allem Eukalypten. Schnell wachsende Bäume, die von der Papierindustrie verarbeitet werden, aber leider auch schnell brennen. Die hellbraunen Linien, die sich über die Berge ziehen, sind Brandschneisen. Zé kann den Eukalyptus nicht leiden. Man habe den Baum importiert für eine Industrie, die wenig zum Bruttosozialprodukt beitrage, aber einen extrem hohen Ressourcenbedarf habe. Die nördlich ausgerichteten Hänge zeigen sich üppig grün, fast verschlossen. Nur ein schmaler Hohlweg führt hinein. Wie im Märchen. Leicht melancholisch beginnt auch unsere Wanderung.

„Oh, wie traurig! Eine Girondische Glattnatter!" Zé hält die offenbar überfahrene Schlange an ihrem Kopf in die Höhe. Ihr etwa 70 Zentimeter langer, braun-silbriger Leib mit den typischen schwarzen Querbinden hängt schlaff herab. „Wie tragisch." Er trägt die Natter zum Waldsaum, auf dass sie wieder Teil der Natur werden kann. Bevor er sie ablegt, bestimmt er noch das Geschlecht. „Ah, ein Weibchen." Unsere Waldwanderung beginnt. Und schon nach wenigen Metern verlässt Zé den Weg, wir folgen ihm ins Dickicht.

„Oh, seht nur!" Der Biologe beugt sich vor, greift hinter einen Baumstamm und öffnet die Hände. „Quak!" Eine braune Kröte sitzt darin. Er nimmt das Tier nun mit der rechten Hand und hält es zwischen Daumen und Zeigefinger hoch. „Ein Männchen", sagt er. Das Tier gibt ein empörtes „Quak!" von sich. Oder bilden wir uns das nur ein? Nein, das sei der Release-Me-Ruf. „Den geben männliche Kröten ab, wenn sie im Kampf um ein Weibchen von einem Artgenossen besiegt worden sind und sich ergeben. Keine Sorge, mein Freund …" Lachend setzt er das Tier ins Gras. „Nur in einem gesunden, feuchten Wald leben viele Kröten."

Biologe José – Zé – in der Serra da Estrela

Weiter geht es über schmale Pfade und durch dichtes Gestrüpp, über umgestürzte Baumstämme und vorbei an großen Felsen. Immer wieder ruft Zé sein typisches: „Oh, seht nur!" Jetzt zeigt er auf einen leuchtend gelben Fleck. „Ein Schleimpilz!" Äh, was bitte? „In Portugal ist Hexenbutter recht selten. Manche Biologen halten sie für das Bindeglied zwischen Pflanze und Tier. Der Pilz kann nämlich seine Position ändern." Auf dem Baumstamm sieht man, wo das gelbe Wesen zuletzt war. Es gebe Experimente, die zeigen, dass der Schleimpilz in einem Labyrinth auf Anhieb den kürzesten Weg zu einer Portion Haferflocken finde. Wenn das nicht ein Zeichen für höhere Intelligenz sei …

Noch ganz beseelt von seiner Entdeckung übersieht Zé fast, was er uns eigentlich zeigen will: die wohl älteste Kastanie in diesem Wald. Ein gebeugter Methusalem mit einem Umfang von fast fünf Metern, der Stamm hohl, die Rinde zerfurcht, von Insekten und Vögeln besiedelt, aus den Ästen sprießen Triebe. „Circa 800 Jahre alt", sagt Zé und tätschelt den Baum. Schon allein wegen solcher Individuen seien diese Wälder schützenswert. Und dennoch gebe es Pläne, ein neues Wasserkraftwerk zu errichten und einen neuen Staudamm zu bauen. All diese Maßnahmen könnten das Mikroklima des Waldes beeinflussen.

„Wir spüren bereits die Folgen des Klimawandels – sengende Winde vom afrikanischen Kontinent, trockene Sommer, Waldbrände. 2017 sind in Portugal dabei mehr als 60 Menschen umgekommen. Wir kämpfen dafür, diesen Wald zu retten. Denn er ist sehr widerstandsfähig." Zé beteiligt sich daran, hier eine bescheidene Infrastruktur für Naturtourismus aufzubauen. Besucher sollen die Schönheit dieser Welt erleben. Wir folgen ihm weiter durch den dichten Wald. Es geht langsam voran. „Oh, seht nur …", hören wir wieder. Diesmal ist es eine lilafarbene Verwandte des Safran. Plötzlich lichten sich die Bäume. Uns präsentiert sich ein Anblick wie aus einer Paradiesfantasie: ein Tal, ein Wasserfall, ein von weiß blühenden Bäumen gesäumtes Becken. Sonnenlicht funkelt auf dem Teich. Stumm sehen wir in die Tiefe. Bis Zé sagt: „Es sind solche Orte, die ich meine."

Wasserfall in der Serra da Estrela

Serra da Estrela

Eine entlegene, felsig-blasse Welt, durch die sich schwarz asphaltierte Straßen ziehen. Die Serra da Estrela ist ein Paradies für Mountainbiker und Rennradfahrer. Es gibt einige schöne Wanderwege und viele Dörfer, die noch sehr authentisch wirken, aber auch touristischere Zentren wie die Kleinstadt Manteigas. Das Essen: schwere Eintöpfe, rustikales Roggenbrot, Blutwurst, Mettwurst, Ziegenfleisch und sehr würzige Käse, wie der *Requeijão de Seia*. Zum starken Kaffee reicht man Scheiben des dunklen, kaum süßen Zimtkuchens *Broa e Bolo Negro de Loriga*. Sehr lecker!

Tipps für Übernachtungen, Wanderungen und Radtouren: aldeiasdemontanha.pt

RETREATS MIT WEITBLICK

Die Jungen ziehen weg, viele Bergdörfer veröden. So war es auch in Lapa dos Dinheiros, dem 300-Seelen-Dorf, aus dem Maria Manuels Mann stammt. Dann hatte die Pharmakologieprofessorin aus Coimbra die Idee, mehrere der leer stehenden Häuser zu einem Boutique-Hotel umzubauen. Inzwischen sind die in 750 Metern Höhe gelegenen Casas da Lapa eine Erfolgsgeschichte für die positive Kraft des Tourismus. Gäste finden hier den Luxus der Abgeschiedenheit. Anbei weitere besondere Berghotels in der Serra da Estrela:

Mit viel Geschmack wurden einige Häuser im Bergdorf Lapa dos Dinheiros in ein zauberhaft gelegenes Hotelensemble umgebaut. Die puristisch eingerichteten Zimmer der **Casas da Lapa** verfügen über tolle Betten, zum Teil über Badewannen „with a view". Das sicherlich beste Restaurant des Ortes bietet eine abwechslungsreiche Regionalküche. Es gibt zwei Pools und einen famosen Blick über die Berge.

Rua Eira da Costa 10, Lapa dos Dinheiros
casasdalapa.pt

Hoch über Manteigas thront das 1940 errichtete Hotel **Casa de São Lourenço** auf einem Gipfel. Die Straße, die direkt am Haus vorbeiführt, wäre in den Alpen wohl eine der meist befahrenen und sicherlich ein Grund, das Haus zu meiden. Doch hier hält sich der Verkehr in Grenzen – der Blick hingegen nicht.

Estrada Nacional 232, Campo Romão, Manteigas
casadesaolourenco.pt

Auf 1.500 Metern Höhe liegt das kleine Schwesterhotel der Casa de São Lourenço, die **Casa das Penhas Douradas.** Es versteht sich als Expeditionshotel, als Ausgangspunkt für Wanderungen. Doch die kleinen Häuser mit ihren bodentiefen Fenstern und der kleine Pool, umgeben von Kiefern, eignen sich vortrefflich auch für eine mehrtägige Auszeit.

Unweit der Capela de Nossa Senhora da Estrela, Manteigas
casadaspenhasdouradas.pt

Mehr als 40 dieser historischen Hotels gibt es in Portugal: Viele *pousadas* nutzen denkmalgeschützte Gebäude wie Burgen und Klöster. Die **Pousada Serra da Estrela** war früher eine Kureinrichtung für Eisenbahner und wurde 2014 nach umfangreicher Sanierung mit Spa und Pool eröffnet. Die Turmzimmer sind schlicht grandios.

Estrada Nacional 339, Covilhã
pousadas.pt/de/hotel/pousada-serra-estrela

Das bis zu 1.200 Meter hohe Gardunha-Gebirge war einst eine Weinregion und verfügt heute über besondere Kastanienwälder. Ein abgeschieden gelegenes früheres Kloster, das **Convento do Seixo**, wurde zu einem wundervollen Hotel umgebaut – mit modernem Minimalismus in historischen Mauern. Die Küche ist super, besonders der Reistopf *arroz de pato* („Reis mit Ente").

Quinta do Convento, Fundão
conventodoseixo.com

FLUSSBADESTELLEN

Bade lieber wild

Mehr als 250 Flussstrandbäder gibt es in Portugal. *Praias fluviais* heißen diese lebendigen Monumente der Freizeitkultur des Landes.

„Ach, schaut euch den Angeber an", lacht der Mann und zeigt auf den obersten der glatten Findlinge, die urzeitliche Kräfte an das Ufer der Ribeira de Loriga gerollt haben. Mutige Jungs springen von da in das Wasser. Natürlich erst, wenn ihnen alle Aufmerksamkeit gewiss ist. Jetzt sieht es tatsächlich so aus, als würde selbst der Ziegenbock posieren. Mäh. Der Hirte pfeift und treibt seine Tiere weiter.

Praia Fluvial de Loriga

Die Badestelle in Loriga zählt zu den bekanntesten *praias fluviais* im Land. Die Flussstrandbäder findet man jedoch an vielen Orten – allein in der Serra da Estrela gibt es zehn: etwa die Badestelle von Sabugueiro mit ihren flachen Becken oder die wundervoll in einem versteckten Tal liegende Badestelle von Lapa dos Dinheiros. An heißen Sommertagen, wenn die Hitze auf den Tälern liegt, ist das kühle Bergwasser eine Wohltat.

Portugal hat insgesamt etwa 250 dieser Bäder. Manche sind große Anlagen wie die Praia Fluvial de Alcoutim mit Badeinsel, andere liegen wildromantisch wie die Praia Fluvial Água Santa da Morena. Sie alle bieten die Möglichkeit, in das Leben des Landes einzutauchen. Denn es kommen vor allem Locals. Die Luft ist erfüllt vom Duft nach Essen, von Hitze und Lebensfreude – Sommer in Portugal. Da die Wasserqualität getestet wird, weht über vielen Flussbädern die Blaue Flagge.

aquapolis.com.pt führt alle Badestellen im Land auf – dazu aktuelle Infos

Flussbadestellen von Nord nach Süd

Praia Fluvial da Valeta. 30 Kilometer vor der spanischen Grenze liegt Arcos de Valdevez, eine Kleinstadt, deren Geschichte zurückreicht bis in die Zeit der Keltiberer. Und das sieht man diesem Bad sogar an: Ein historisches Wehr staut den Fluss Vez auf und eine Bogenbrücke (der Ort ist berühmt für seine Bögen, deshalb auch „Arcos"), klares, kaltes Wasser, ein steiniger Sandstrand und ein gutes Wifi-Netzwerk.

Praia Fluvial do México. Der Nationalpark Peneda-Gerês ist eine nur von wenigen Touristen besuchte Region ganz im Norden Portugals. Viele Seen und Stauseen prägen die Landschaft, es gibt sogar heiße Quellen, und an mehreren Stellen wurde der Fluss Cávado um ein kleines Bad ergänzt. Eines davon bietet einen Sandstrand unter Bäumen, einen schönen Blick und sogar Tretboote, um auf den See hinauszufahren.

Praia Fluvial de Loriga. Mitten in der Serra da Estrela liegt die oben beschriebene Flussbadestelle mit ihren großen Findlingen, den verschiedenen Wasserbecken und der alten Römerbrücke. Ein kleiner Kiosk verkauft Snacks. Und wenn João, der Ziegenhirte, mit seinen Tieren vorbeikommt, grüßt ihn von uns.

Praia Fluvial da Lapa dos Dinheiros. Das kalte Wasser kommt aus den Bergen, folgt mehreren Wasserfällen in dieses wildromantische Tal und wird dort aufgestaut. Im Hochsommer ist dieser Ort sehr lebendig und doch kaum bekannt.

Praia Fluvial do Troviscal. Seit der Castrokultur, die bis in die Bronzezeit zurückreicht, wird diese Region besiedelt. Das Bergland ist steinig, viele Baudenkmäler aus der Frühzeit sind hier zu finden. Und im Flussbad fühlt man sich der Geschichte der Region sehr nah.

Praia Fluvial Aldeia do Mato. Der Zêzere durchfließt Portugal wie eine Lebensader. An seinen Nebenarmen und Seen gibt es sehr viele Strandbäder. Einige verfügen über abgeteilte Becken im Wasser. Die Portugiesen lieben diese Anlagen. Eine der schönsten befindet sich in diesem traumhaften Nebental. Der nahe *miradouro* („Aussichtspunkt") gewährt einen Überblick, danach kann man hier ins Wasser springen.

Praia Doce em Salvaterra. Außerhalb von Lissabon weitet sich der Tejo zu einem Strom mit mehreren Inseln in einem Naturschutzgebiet. Bevor der Fluss in dieses Ästuar fließt, zeigt er sich windungsreich, ursprünglich und mit dieser Badestelle: Goldener Sand, Bäume bis ans Ufer – und ein Café, das sehr leckere *tostas* bietet.

Praia Fluvial Pego das Pias. Unweit von Odemira, am Fernwanderweg Rota Vicentina, liegt diese die Abenteuerlust weckende Badestelle: Große Felsen, von denen man – den Allerwertesten voraus – ins Wasser springt, Bäume, ein wilder Parkplatz, den manche Wohnmobilisten auch zum Übernachten nutzen. Ein hübsch-versteckter Wohlfühlort.

Praia Fluvial de Odeceixe. Das Beste aus zwei Welten. Odeceixe liegt am Atlantik, an der von Klippen geprägten Costa Vicentina. Etwas außerhalb des Ortes strömt der aus dem Monchique-Gebirge kommende Ribeira de Seixe ins Meer. Und somit bietet der Ort einen schönen Strand am wilden Atlantik und diese Flussbadestelle.

Praia Fluvial Albufeira de Odeleite. Im Südosten markiert der Guadiana die Grenze zwischen Spanien und Portugal. Breit und ruhig strömt er dahin, gesäumt von viel Natur und einigen hübschen Orten. Die Badestellen liegen alle an den Seen, die den Fluss umgeben. So auch diese in Odeleite – mit Sandstrand, Badeplattform und modernem Kiosk.

ERICEIRA

Im Reich der Wellenreiter

Surfen in Portugal. Die noch junge Geschichte eines Lifestyles, der das Leben an der Küste nachhaltig verändert hat.

Da kommt sie, die Welle. Anpaddeln! Jetzt die Kraft des Wassers spüren, die Welle nimmt dich mit. Take-off. Blick nach vorn. Mit den Händen abstützen (nicht festhalten), in den gehockten Stand springen (nicht über die Knie), die Arme nach vorn (nicht auf das Bord schauen). Und den Ride genießen. Es sind nur Sekunden, die man der Natur abringt, ein Moment der Euphorie. Der aber macht süchtig. Und wenn es einen erwischt, ist die Küste mehr als ein Strand. Dann wird sie zum Sehnsuchtsort. Zum Gipfel des Glücks. In Portugal sind es immerhin 850 Kilometer.

Unlängst wurde in der Cinemateca Portuguesa ein kurzer Schwarz-Weiß-Film aus dem Jahr 1927 entdeckt. Der Clip zeigt eine Gruppe von Männern, die sich im Hafen von Leça da Palmeira auf Brettern in die Wellen stürzen. Zeigen diese Bilder die ersten Bodyboarder der Welt? Mithin die ersten Surfer? Viele Portugiesen würde das freuen – die Seefahrernation als Vorreiter des Surfens.

Die Geschichte der portugiesischen Surfkultur beginnt mit Pedro Martins de Lima, dem *primeiro surfista português*, der 1958 stehend eine Welle ritt. Da war Surfen in den USA und in Australien bereits Volkssport. In Portugal verehrt man Lima als *lobo do mar* („Meerwolf“), weil er dem Surfsport eine spielerische Leichtigkeit gab. Und weil er einsam war wie ein Wolf. Der wahre Boom begann in den 1980er-Jahren, als eine sehr amteurhafte portugiesische Surfnationalmannschaft bei den Europameisterschaften einen sehr beachtlichen vierten Platz belegte. Plötzlich war Surfen cool. Teenager träumten nicht mehr nur von Fußballern, sondern vom eigenen Board. Und heute betreiben sie Surfcamps, -clubs und -schulen.

Miguel ist einer von ihnen. Ein drahtiger Kerl in seinen besten Jahren, gezeichnet vom Leben mit dem Board. Brauner Teint, wildes Haar, strahlende Zähne, erstes Grau im Bart, am Handgelenk eine riesige Armbanduhr, die auch die Gezeiten anzeigt. Mit zwei Freunden besitzt er eine kleine Surfschule am Strand Ribeira d'Ilhas. Ericeira Waves wäre ein Anbieter unter vielen, wäre nicht im Oktober 2011 ein etwa vier Kilometer langer Strandabschnitt des Ortes zum World Surfing Reserve erklärt worden. Darunter auch der Strand Ribeira d'Ilhas, Miguels Revier.

Was so eine Auszeichnung bewirkt, dafür ist Ericeira ein eindrückliches Beispiel. Die Ursprünge des Ortes reichen bis ins 13. Jahrhundert zurück. Noch vor wenigen Jahren lebte man hier vom Fischfang. Und von einem besonderen Mikroklima, das für eine kühle Brise sorgt. Viele *lisboetas*, die der Hitze der Stadt entfliehen wollen, verbrachten hier ihre Sommerfrische. Man genoss in einer der *tascas* frisch gegrillte Dorade mit Kartoffeln und Bohnen. Oder mit Bohnen und Kartoffeln. Das Leben kann so einfach sein. Inzwischen gibt es auch in Ericeira Sushi, vietnamesisches und veganes Essen. Der einstige Fischerort ist zum Surfmekka geworden.

Als Miguel und seine Freunde angefangen haben, gab es hier nur einen Parkplatz und einen Kiosk, in dem man heißen Kaffee bekam oder kaltes Bier. Inzwischen wurde am Strand ein Restaurant mit Bar und Terrasse eröffnet. Auf einer asphaltierten Plattform werden Kameras und Reporterkabinen aufgestellt, um die Wettbewerbe der International Surfing Association live zu übertragen. Dann ist die Holztreppe hinauf zum Aussichtspunkt Miradouro Ribeira d'Ilhas voller Zuschauer. Wer jetzt gerade dort steht, kann einigen guten Surfern zuschauen. Und sich über uns Anfänger amüsieren.

Wir haben bei Miguel einen Kurs belegt. Schon die Trockenübungen am Strand hatten es in sich. Der Take-off ist ein dynamisches Vom-Brett-in-die-Hocke-springen. Es muss schnell gehen. Dann Haltung einnehmen – und der Welle vertrauen: Sie trägt dich. Wenn es nicht klappt – neuer Versuch. Miguel mahnt: „Nichts erzwingen. Relax on the board!" Haha, denkt man einen Moment später beim Sturz ins Wasser, kurz bevor einen die Welle tragen sollte ... was sie dann doch nicht tut. Vom *miradouro* sieht das sicherlich komisch aus.

Miguel lacht nie über seine Schüler. Mehrere Hundert Stunden habe er gebraucht, um ein guter Surfer zu werden. Und es gebe viele, die besser seien als er. Da schwingt viel Respekt mit. Miguel ist in Lissabon geboren, wuchs aber in Mafra auf. Obwohl er schon in jungen Jahren auf dem Brett stand, ging er erst einem bürgerlichen Beruf nach, verkaufte Büromöbel. Bis er das Gefühl hatte, das falsche Leben im richtigen zu führen. Er wagte den Neustart und verfiel dem Surf-Lifestyle. Heute sagt Miguel, er sei erst mit 40

Miguel auf seinem Surfbrett

„EINE GUTE WELLE IST WIE DAS PARADIES“

Mit Miguels Unterstützung haben wir einige der schönsten Surfreviere Portugals zusammengestellt. Dazu gibt es immer eine kurze Einschätzung, für wen sich der beschriebene Spot besonders eignet. Hang loose in:

Foz do Arelho. Nahe dem kleinen Badeort geht eine große Lagune in das Meer über, leicht abfallende Wassertiefe, kaum Strömung; perfekt für Anfänger.

Baleal Sul und Baleal Norte. Die beiden Strände der überaus bezaubernden Kleinstadt Peniche eignen sich sehr gut für Einsteiger.

Foz do Lizandro. Dieser kleine Strand mit großen Wellen im Süden von Ericeira, wo der Rio Lizandro ins Meer mündet, ist etwas für alle, die sich schon sicherer auf dem Brett fühlen.

Praia do Guincho. In einem weitläufigen Naturschutzgebiet im Westen von Lissabon, ein schmaler Strand, eine Strandbar und schöne Wellen für Fortgeschrittene.

Nazaré. Am Wallfahrtsort für die Elite der Big-Wave-Surfer, der Swell bricht an einem unterirdischen Canyon und schickt gigantische Wellen in Richtung Küste, an der der berühmte Leuchtturm steht. Hier sollte man wirklich was drauf haben.

Matosinhos. Der Ort im Norden Portos ist längst mit der Großstadt verwachsen, der gleichnamige Strand nahe der Hafenmole zählt zu den beliebtesten Surfspots.

Praia da Amorosa. An diesem schönen Surfspot nahe dem Wallfahrtsort Viana do Castelo ist der Atlantik hier an der spanischen Grenze rau und recht kalt.

Praia da Barreta. Bei Faro liegt der südlichste Strand Portugals, ein Paradies an der warmen Algarve, hier kann man das ganze Jahr über ins Wasser.

Falésia. Dieser laaange Sandstrand liegt vor den typischen roten Felsenklippen der Algarve, die zwischen Vilamoura und Albufeira überraschend einsam sein kann.

Praia da Cordoama. Oberhalb des Cabo de São Vicente ist die See rau, aber die Wellen sind großartig – ein Spot für geübte Surfer.

Praia da Bordeira. Bei Carrapateira gibt es ein Café und eine Surfschule, nördlich davon zeigt sich der Strand einsam und entrückt – mit besonderen Wellen.

Vila Nova de Milfontes. Die Mündung des Rio Mira sorgt mitunter für *dirty waves*, die Strände rund um den Ferienort sind aber sehr beliebt.

Ribeira d'Ilhas. Unser Spot zählt sicherlich zu den schönsten des Landes. Hier surft man allerdings nur früh morgens allein – sehr früh morgens. Dafür ist die Community in Ericeira besonders.

erwachsen geworden. Erst auf dem Brett habe er sein Glück gefunden.

Es braucht Geduld für diesen Sport. „Du musst eins werden mit dem Board", sagt Miguel. Gar nicht so leicht, wenn einen die Wellen ständig abwerfen. Bis plötzlich dieser Moment kommt. Das Brett nimmt Fahrt auf. Unter einem gurgelt das Wasser. Man springt auf. Steht! Ein paar Millisekunden nur. Doch das ist egal. Jetzt hat es einen - das Surffieber. Man will mehr. Und man versteht, was Miguel meinte mit dem Satz: „Eine gute Welle ist wie das Paradies."

Praia de Ribeira d'Ilhas
ericeirawaves.com

Schlafen

Als „bestes Haus am Platz" kann man das Hotel **Vila Galé Ericeira** bezeichnen - ein großer, altehrwürdiger Hotelkomplex, der gründlich renoviert wurde und eine wunderbare Lage auf einem Felssporn an der Praia da Baleia hat.

Largo dos Navegantes
vilagale.com

Eine hübsche Unterkunft in erster Reihe - und doch bezahlbar? **Blue Buddha Beach Rooms**. Die Zimmer sind schlicht, bieten aber alles, was man braucht, und der Blick ist grandios. Zum Frühstück geht man am besten in die Stadt, etwa in die Pastelaria Saloia.

Rua Florêncio Granate 19
bluebuddhahostel.com

In einem weiten Kiefernwald befindet sich der große Platz von **Ericeira Camping & Bungalows**. Letztere haben uns nicht so zugesagt. Doch der Campground ist toll. Und das Meeresrauschen ein schöner Schlafbegleiter.

Estrada Nacional 247
ericeiracamping.com

Die Gastgeber

DARCIE UND JASPER, OLÁ ONDA GUESTHOUSE

Wenn es einen Ort gibt, an dem die Wucht des modernen Surf-Lifestyles besonders sichtbar ist, dann Ericeira. Das frühere Fischerdorf hat sich voll und ganz dem Surfen verschrieben: weltoffen, modern, international. Und Darcie ist auf ganz wunderbare Weise Teil davon. Eigentlich stammt sie aus den Niederlanden, ihre Mutter ist Portugiesin. Als Animateurin hat sie in diversen Ferienclubs gearbeitet - und dabei auch ihren Mann Jasper kennengelernt.

Darcie und Jasper mit Hund Berto

Ihr Olá Onda Guesthouse liegt an einem der vielen Hügel, an die sich Ericeira schmiegt. Wenn man von hier oben hinabschaut, sieht man enge Gassen, einen nahen Kiefernwald und das Meer. Darcie und Jasper haben ihr B&B gestartet als sie meinten, dass sie zu alt seien für das Leben in den Ferienclubs. Da waren sie Mitte zwanzig.

Olá Onda heißt „Hallo Welle". Mit viel Liebe zum Detail haben Darcie und Jasper einen Altbau zum Guesthouse umgebaut: die traditionellen Fliesen bewahrt, sogar neue im traditionellen Stil verlegt, sie haben alte Möbel aufgearbeitet. Abends sitzt man bei einem Sagres Mini auf der Terrasse und genießt das Leben.

Das Bier holt man sich aus dem Fridge of Honesty, dem „Kühlschrank der Ehrlichkeit". Bezahlt wird auf Vertrauensbasis. „Das Konzept funktioniert tadellos", sagt Darcie und lacht herzlich. Wer diesen schönen Ort erleben will, muss sich ranhalten. Die sechs Zimmer sind meist früh schon im Jahr ausgebucht.

Rua Encosta da Abadia 4
ola-onda-ericeira.com

Mar das Latas, Ericeira

Darcies Tipps für Ericeira

Es gibt hier sehr viele Surfschulen. Wir kooperieren mit **Surf Riders Ericeira**, weil sie nicht nur Wellenreiter sind, sondern viele weitere Aktivitäten anbieten. Stand-Up-Paddling, Yoga, Segeltrips, Tauchkurse, Wine Tastings. Ein überraschend interessantes Angebot sind die Surftrips: Man macht sich in einer kleinen Gruppe auf den Weg, um verschiedene Spots entlang der Küste zu erkunden. Ein Tagesausflug, bei dem man gute Einblicke in die Region bekommt.

Rua do Carmo 33A
surfriders.pt

Bis vor wenigen Jahren waren Fahrradfahrer hier noch eine absolute Seltenheit. Rennräder und Mountainbikes wurden meist von den Reisenden mitgebracht, die damit dann ihrem Sport nachgingen.

Sehr beliebt: das rustikale Geschirr

Bis im Jahr 2017 Bruno und Marco aus ihrer Leidenschaft ein Business gemacht haben und **Ericeira Bikes** gründeten. Inzwischen bieten sie einen ganzen Strauß überraschender Touren an. Man kann aber auch Räder mieten und sich so die Kosten für den Transport sparen.

Verschiedene Treffpunkte
ericeirabike.com

Auf der einen Seite ist das **Mar das Latas** ein kleines Restaurant, auf der anderen eine Bar. In beiden wird abends dasselbe Essen serviert. Vor allem die Kleinigkeiten – die *petiscos* – sind unglaublich gut, etwa die Kartoffeln, zu denen man eine hausgemachte Aioli serviert, die gebackenen Paprikaschoten mit Meersalz oder die Hackbällchen in Tomatensauce. Dazu gibt es eiskaltes Super Bock vom Fass oder Craftbeer aus der Flasche und einen fantastischen Meerblick. Denn das kleine Lokal liegt direkt an der Steilküste über der Praia dos Pescadores.

Rua Capitão João Lopes 24A
facebook.com/mar.das.latas

NAZARÉ

Die Magie der Giganten

Wallfahrtsort, einst und heute. Vor mehr als 1.500 Jahren entstand rund um einen Pilgerort eine Stadt, vor etwa 100 Jahren wurde die Stadt nach ihrem Heiligtum benannt. Und heute pilgern die Menschen nach Nazaré, um den größten Wellen des Atlantiks nahe zu sein.

Der Wind zerrt an der Jacke, rupft an den Haaren, reißt einem die Worte aus dem Mund. Wer sich dem Meer nähert, muss rufen oder gar brüllen. Und wird doch nicht verstanden. Denn das Meer brüllt zurück. Und wie! Je näher man dem kleinen, auf einer Festung errichteten Leuchtturm Farol da Nazaré kommt, desto mehr muss man sich dem Sturm entgegenstemmen. Manche Besucher kehren lieber um. Andere kämpfen sich weiter voran. Und reihen sich ein in die Front der Sturmtouristen auf der Aussichtsplattform der Forte de São Miguel Arcanjo. Sie ducken sich unter den Böen weg wie Surfer unter Wellen, erheben sich dann wieder gegen die Kraft der Elemente. Wie ein trotziger King Lear, der in Shakespeares gleichnamigem Drama den Sturm herausfordert: „Blast ihr Winde, bläht die Backen! Wütet, blast!“

Die Wetterprognose hat für dieses Wochenende kräftigen Wind mit stürmischen Böen vorhergesagt – und Wellen mit einer Höhe von fünf Metern und mehr. Viel zu klein für die Big-Wave-Surfer. Und zudem, wie sich später zeigen soll, zu viel White Water. Das gischtschäumende Gebrodel, in das Wellen zerfallen, macht das Surfen unmöglich. Und doch zieht jeder Sturmtag die Menschen wie magisch an diesen Ort. Von überallher kommen sie, mit ihren Autos oder mit dem 1889 eröffneten Ascensor da Nazaré, einer Standseilbahn, auf die etwa 110 Meter hohe Klippe über dem Strand.

Wir alle haben sie schon gesehen, die ikonischen Bilder des dunkelroten Farol da Nazaré, winzig klein vor einem enormen Wellenberg. Und so macht schon die Annäherung an diesen Felssporn ein wenig Gänsehaut. Mögen heute die Wellen auch 20 Meter kleiner sein als die größten, denen man hier im Winter dabei zusehen kann, wie sie dem Ufer entgegen rollen, Nazaré erweist sich als das, was es seit 1.500 Jahren ist – als Wallfahrtsort.

Seinen Namen verdankt die Stadt einer kleinen Statue. Diese soll eine authentische Darstellung der Mutter Gottes sein: Maria stillt ihr Kind – Jesus. Im vierten Jahrhundert gelangte sie von Nazareth ins spanische Merida. Rund 200 Jahre später nahm sich ihrer erneut ein Mönch an. Begleitet vom letzten Westgoten-König trug er das Abbild der Jungfrau an die portugiesische Küste, um es dort in einer Höhle vor den heranstürmenden Mauren zu verstecken. Ein Schrein wurde gebaut, in dem er die Reliquie aufbewahrte und hütete. Schon bald kamen die ersten Pilger, um das Sagrada Imagem de Nossa Senhora da Nazaré zu sehen – „das Heilige Abbild unserer Frau von Nazareth“.

Rund um den Schrein an der Steilküste entstand eine Siedlung. Man musste den Pilgern Nahrung bieten, eine Unterkunft. Die Infrastruktur eines Wallfahrtsortes entwickelte sich. Dessen Mythos erhielt weitere Nahrung, als ein Prinz Portugals auf der Jagd nach einem Hirsch im Nebel auf die Klippe zuritt und wohl umgekommen wäre, hätte ihm nicht im letzten Moment die Senhora da Nazaré mit einem Lichtschein den richtigen Weg gewiesen. Zum Dank ließ der Gerettete eine Kapelle errichten. Das Santuário de Nossa Senhora da Nazaré wurde über viele Jahrhunderte der wichtigste Wall-

Santuário de Nossa Senhora da Nazaré

fahrtsort für den Marienkult auf der Iberischen Halbinsel. Und bald auch der Namensgeber für den Ort selbst, der eigentlich Pederneira hieß. 1912 erfolgte die Umbenennung. Kurze Zeit später verlagerte sich der Marienkult nach Fátima.

Rund 800 Meter sind es von der Kapelle bis zum kleinen Leuchtturm. Die Kapelle ist leer an diesem Nachmittag, rund um den Leuchtturm haben sich einige Hundert Menschen versammelt. Die Fischer fürchten die riesigen Wellen seit Generationen. Sie nennen sie „Witwenmacher“. Ihre Entstehung

Der Leuchtturm von Nazaré

wird durch einen gewaltigen Unterwassercanyon begünstigt (siehe Beitrag rechts).

Walter Chicharro, Bürgermeister von Nazaré, erzählt gern, wie man 2009 erkannte, dass es ja eine Gruppe von Menschen gebe, die auf der Suche nach genau solchen Wellen um die Welt reisten. Wie dann der Amerikaner Garret McNamara im Jahr 2013 in Nazaré seinen Weltrekord aufstellte, indem er eine Welle surfte mit der unvorstellbaren Höhe von knapp 24 Metern.

Seitdem ist die Stadt mit den zwei Stränden, die ganz unpoetisch Praia do Norte und Praia do Sul heißen, nicht mehr dieselbe. Inzwischen haben viele Big-Wave-Surfer hier einen zweiten Wohnsitz. Manche Fischer nennen ihre Boote oder Katzen nach den wagemutigen Frauen und Männern, die die großen Wellen reiten. Die Hauptsaison beginnt im Winter. Und hat man früher die Mutter Gottes angefleht, den Ort vor allzu hohen Wellen zu bewahren, so bittet man heute um Meeresmonster.

Ihre Helden sind Big-Wave-Surfer wie António Laureano, Nic von Rupp oder der Deutsch-Österreicher Sebastian Steudtner. Ihr Sport ist ein ausgefuchstes Teamwork: Assistenten an Land beobachten die See und melden eine gute Welle. Die Surfer lassen sich von Jetski-Fahrern in die Welle ziehen, um diese dann in einem wilden Ritt zu queren. Im Idealfall gelingt es, die Barrel zu verlassen, bevor die Welle bricht. Im Falle eines Sturzes wird der Surfer per Jetski wieder aus der Gefahrenzone gefahren. Ein Video- und Fototeam nimmt all das auf. Nicht nur um die Social-Media-Kanäle der Welt mit Surf Porn zu bedienen, sondern auch um später mit dem Bild- und Filmmaterial die Höhe der Wellen zu bestimmen. Der aktuelle Weltrekord wird vom Nürnberger Sebastian Steudtner gehalten, er ritt eine Welle mit einer Höhe von 28,5 Metern. Die Brasilianerin Maya Gabeira hält den Re-

DIE WITWENMACHER

Vor der Steilküste von Nazaré erstreckt sich ein gewaltiger Unterwassercanyon. Er hat eine Länge von 230 Kilometern, misst an seiner breitesten Stelle sieben Kilometer und an seiner tiefsten fast 5.000 Meter. V-förmig läuft dieser Canyon auf das portugiesische Festland zu. Während der Meeresboden vor der Küste eine Tiefe von etwa 27 Metern aufweist, beträgt diese am küstennahen Ende des Unterwassercanyons 300 Meter.

Je tiefer das Meer, desto schneller laufen die hereinkommenden Wellen. Am Ende des Canyons, kurz bevor dieser auf den Felssporn trifft, über dem sich die Festung mit dem kleinen roten Leuchtturm erhebt, werden die Wassermassen abrupt gestoppt. Dabei kommt es zum sogenannten Shoaling-Effekt: Wenn schnelle Tiefwasserwellen auf Flachwasserwellen stoßen entlädt sich die überschüssige Energie in die Höhe.

Bis 30 Meter türmen sich die Wassermassen auf, dabei erreichen sie ein Gewicht von bis zu 500.000 Tonnen. Und wer vom berühmten *farol* den Wellen dabei zusieht, wie sie mit einer Geschwindigkeit von bis zu 80 Stundenkilometern auf die Küste zurollen, ahnt, warum die Fischer von Nazaré sie auch „Witwenmacher" nennen.

kord der Frauen mit einer 22,4 Meter hohen Welle. Beide Rekorde wurden in Nazaré aufgestellt, dem neuen Gralsort der weltweiten Surferelite.

Wenn die großen Wellen angesagt sind, hocken Tausende von Zuschauern im Dünengras und bejubeln ihre Helden. Heute aber zieht kein Surfer hinaus. Die Schaulustigen sind unter sich. Allein mit der Magie dieses Ortes. Der Wind tost, die Wellen donnern gegen den Fels, und über die schier endlosen Praia do Norte zieht die Gischt wie eine Nebelwand. Plötzlich bricht ein Sonnenstrahl hindurch. Und taucht den rostroten Leuchtturm in ein dramatisches Licht.

Schlafen

Etwas außerhalb, mit einem schönen Blick über den Ort und auf das Meer, liegt das **Miramar Hotel & Spa**. Nicht durchgängig stilsicher, aber sicherlich eines der besseren Hotels in der Stadt.

Rua Abel da Silva 36
miramarnazarehotels.com

Unterkünfte wie das **FIKA Guest House** gibt es unzählige in der Surferstadt: stylish renoviert, authentisch kleine Zimmer – aber mit Herz. Hier findet man gleich Familienanschluss.

Ruha dos Fundadores Lote 80 N° 12
fikaguesthouse.pt

In einem weiten Kiefernwald liegt **Camping Orbitur Valado**. Leider ist die große Umgehungsstraße näher als das Meer, aber die schönen Stellplätze im Wald entschädigen dafür allemal.

Rua dos Combatentes do Ultramar 2
orbitur.pt

KLEINE BOARD-KUNDE

Manche Bretter sind groß wie Boote, andere so klein, dass es scheint, als müsste man als ausgewachsener Kerl damit absaufen. Es gibt Bretter mit spitzer und mit runder Nase, mit einer oder mit mehreren Finnen, mit Wölbung oder ohne. Und tatsächlich hat jedes Board seine eigene Charakteristik. In unserer Übersicht stellen wir die Boards vor, die an der Küste Portugals überwiegend zum Einsatz kommen.

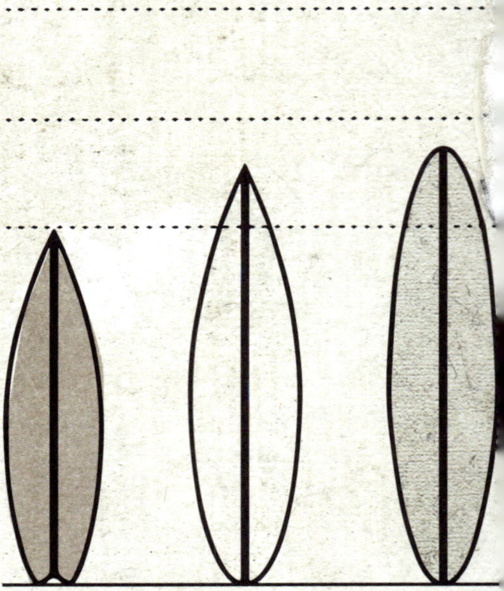

FISHBOARD SHORTBOARD FUNBOARD

Longboard. Das Ursurfbrett war lang. Historische Fotos zeigen Surfer am Strand, die vor ihren aufrecht in den Sand gesteckten Brettern stehen und von diesen deutlich überragt werden. Duke Kahanamoku, der erste Star dieses neuen Sports, ritt die Wellen vor Hawaii auf seinem Brett Papa Nui, das eine Länge von 16 Fuß (4,9 Meter) hatte. Heute bezeichnet man ein Brett als Longboard, wenn es eine Länge von mindestens 9 Fuß (2,75 Meter) hat. Für Einsteiger eignen sich Longboards übrigens nicht so gut, die schweren Bretter erfordern viel Können.

Malibu und Mini-Malibu. Bretter mit einer Länge von 9 bzw. 8 Fuß (2,75 bzw. 2,4 Meter) eignen sich gut für Einsteiger. Ein so langes Brett hat viel Auftrieb, es gleitet früh an, sodass man nicht zu viel paddeln muss, und nimmt souverän Geschwindigkeit auf. Selbst schwächere Wellen lassen sich mit einem Malibu gut reiten. Auch erfahrene Surfer lieben den entspannten Ride auf einem Malibu oder Mini-Mailibu – auch Mini-Mal. Mit so einem gutmütigen Brett machen auch weniger perfekte Wellen Spaß.

Gunboard. Lang, schmal, spitz. Seiner Form verdankt das Gunboard seine Eigenschaften: Es ist schnell, fahrtstabil und somit die erste Wahl für große Wellen. Wenn man am Ufer steht, um den Big-Wave-Surfern von Nazaré zuzuschauen, dann stehen viele von ihnen auf einem Gunboard. Mit seiner scharf gezeichneten Nose schneidet das Board perfekt durch die Welle. Die Rails (die Kanten) sind fast Grate: Auch das erhöht die Stabilität. Anfänger wie wir empfinden vor allem: Respekt.

Funboard. Diese 7 bis 8 Fuß (2,1 bis 2,4 Meter) messenden Bretter sind besonders beliebt, es gibt sie in diversen Ausführungen: Mit eher runder Nose

Plötzlich ein Tor. Eine junge Frau sitzt in einer kleinen Hütte und verlangt Eintritt. Fünf Euro kostet es, weiterfahren zu dürfen. Das ist ungewöhnlich: Ein Wald, der Eintritt kostet. Die junge Frau reicht ein Faltblatt und erklärt, wo wir uns befinden: Hier unser Standort an einem der elf Tore, dort die markierten Rundwege, da ein Teich, ein Wasserfall, hier und dort schöne Aussichtspunkte. Und im Zentrum der Sommerpalast mit seiner Gartenanlage, den Ruinen des Klosters, einem Museumsshop und einem kleinen Café. Wir fahren durch das Tor in eine andere Zeit. Der Wald von Buçaco erzählt die Geschichte einer Seefahrernation – in Bäumen.

Im 17. Jahrhundert begann man im Hügelland der Serra do Buçaco exotische Schösslinge zu hegen. Pflanzen, die die portugiesischen Seefahrer von ihren Reisen mitbrachten. Gepflegt wurde der Wald von den Mönchen eines Karmeliterordens. Sie hatten hier ihre Einsiedeleien errichtet und ihr Kloster, das Convento de Santa Cruz do Buçaco. Die Unbeschuhten Karmeliten lebten den Rückzug vom Weltlichen und in Hinwendung zu Gott. Zudem war es ihre Aufgabe, die Pflanzen zu schützen. Dafür errichteten sie eine sechs Kilometer lange Mauer. Dennoch kam es immer wieder zu Holzdiebstählen. Bis der Vatikan den Wald unter Schutz stellte. Papst Innozenz X. drohte jedem Gläubigen, der es wagen sollte, einen Baum zu fällen, mit der Höchststrafe für Katholiken: der Exkommunikation. Dieser Wald erzählt also auch die Geschichte eines sehr gläubigen Landes.

Mehr als 200 Jahre waren die barfüßigen Karmeliten zuständig für 400 heimische, teils von den atlantischen Inseln stammende Pflanzen sowie für 300 exotische Arten aus den überseeischen Gebieten. Der Wald überlebte sogar einen Krieg. In der Hügellandschaft von Buçaco gelang es den portugiesisch-britischen Truppen die französische Armee zurückzuschlagen, ein wichtiger Erfolg in den Napoleonischen Kriegen. Als diese drei Jahre später mit der Befreiung von San Sebastián ihr Ende fanden, hatten die Mönche in der Hügellandschaft von Buçaco längst alle Spuren der Schlacht beseitigt. Der Wald erzählt demnach auch die Geschichte einer Befreiung.

An den Krieg erinnern ein Obelisk und ein Militärmuseum, das neben dem Palast steht, einem protzigen Gebäude im neomanuelinischen Stil. Diese Architektur sollte eine Rückbesinnung auf die Blütezeit Portugals sein, als unter König Manuel I. die Welt erobert wurde und man den neuen Reichtum zeigen wollte – mit überbordender Ornamentik. Nur wenige manuelinische Gebäude haben das Erdbeben von 1755 überstanden, etwa der berühmte Torre de Bélem in Lissabon. Der Palast im Wald von Buçaco sollte diesen Geist wieder aufleben lassen.

Der schmuckvolle Palast wurde an dem Ort errichtet, an dem vorher das Kloster der in Einfachheit lebenden Mönche stand. Sie mussten nach der Säkularisation den Wald verlassen. Fortan frönte König Carlos I. hier seiner Jagdleidenschaft und ließ sich diese „Sommerresidenz“ errichten. 1907 waren die Bauarbeiten abgeschlossen. Ein Märchenschloss. Mit überladender Dekoration, einem monumentalen Treppenhaus und einem Portal, das einer Kathedrale gut anstünde. Ein Palast im krassen Kontrast zur wirtschaftlichen Not, die zu jener Zeit im Land herrschte. Dieser Wald ist folglich auch ein Sittengemälde.

Monarchien hatten zu Beginn des 20. Jahrhunderts kein hohes Ansehen. Herrscher wie Carlos I. hatten mit ihrem ausschweifenden Lebensstil sicherlich ihren Anteil daran. 1908 fiel der König einem Attentat zum Opfer – der Anfang vom Ende der Monarchie in Portugal. Der Palast wurde zum Grandhotel. Illustre Gäste wohnten hier: Staatsmänner, Schauspieler, Kulturschaffende und – in Zimmer 7 – die Krimiautorin Agatha Christie. Wenn man heute durch die Räume streift, durch das mit Azulejos verzierte Vestibül, durch das Restaurant, in dem große Gemälde die Geschichte der Seefahrer erzählen, oder durch die Bar Carlos Reis mit ihren schwülstigen Stilleben, dann freut man sich auf den Wald.

Wir folgen einer Farnallee, vorbei an Kiefern und Mammutbäumen. Der Weg wird schmaler. Dickicht, verwitterndes Holz, ein gurgelnder Bach. Sonnenlicht flirrt durch das Grün, der Duft von Erde und Laub. Es geht über Brücken und vorbei an verwitterten Mäuerchen und überwucherten Ruinen bis zur steil ansteigenden Via Sacra. Die erzählt den Leidensweg Christi. Der Wald der Seefahrer ist auch noch ein Kalvarienberg.

Oben angekommen, fällt der Blick aus 549 Metern Höhe über das üppige Grün. Das Dach der Bäume wirkt von hier wie das Dach eines ganz normalen Waldes.

Mata do Buçaco, Luso
fmb.pt

Ausgangspunkt für den Abstecher nach Buçaco ist der Kurort Luso. Es gibt mehrere Thermalquellen, einen schönen Park und ein altehrwürdiges Grandhotel mit 50-Meter-Pool.

Grande Hotel de Luso
hoteluso.com

Der Palast im neomanuelinischen Stil

Wohnmobile und Camper-Vans hinter den Sanddünen am Strand von Aveiro

Die schönsten Strände im Zentrum

Zwischen Porto und Lissabon gibt es einige Küstenabschnitte, die bei Surfern sehr beliebt sind, weil hier die Wellen nahezu perfekt anrollen. Doch selbst rund um die Surf-Hotspots Nazaré, Peniche und Ericeira eignen sich die Strände bestens auch zum Baden.

AVEIRO

Praia de São Jacinto
Der Wind weht den feinen Sand über den langen Strand, das Licht schwebt silbrig über der Landzunge, die das Meer und das Ästuar der Ria de Aveiro trennen. Die weitläufige Wasserlandschaft ist bekannt für ihren Artenreichtum und für ihre Salinen. Mittendrin liegt Aveiro, ein Fischerort, dessen Innenstadt von vielen Kanälen durchzogen ist und deshalb als das „Venedig Portugals" gilt – aber tatsächlich seinen ganz eigenen Charme hat.

Praia da Barra
Ebenfalls zwei Wasserfronten hat dieser Strand – auf der einen Seite der Atlantik, auf der anderen die Gewässer der Ria de Aveiro, die hier als Marina für Boote genutzt wird. Auf der schmalen Landzunge gibt es viele Ferienhäuser, Restaurants und Bars.

Praia da Duna Alta
Der Name ist eine Mogelpackung, denn die Dünen sind gar nicht hoch. Und doch ist dieser ganz im Süden von Aveiro gelegene Strand zauberhaft. Hier findet jeder einen Platz. Und in der nahen Luna Bar einen leckeren Snack.

COSTA DE PRATA

Während ihrer Schulzeit in Lissabon erlebte Susanne im Spätsommer oft die Situation, dass kurz vor dem Wochenende ihre Freundin Marta anrief und fragte: „Die Eltern eines Freundes [meist hieß er Pedro, manchmal auch Angelo] haben ein Haus in [zum Beispiel] São Pedro de Moel. Er hat alle eingeladen, kommst du mit?"

Die Fahrt durch den Ort mit seinem großen Pinienwald und dem typischen Leuchtturm hat eine besondere Magie. São Pedro de Moel ist wunderbar entspannt. Im Sommer ist in dem 350-Einwohner-Ort aber richtig was los. Es gibt hier übrigens nicht nur die Ferienhäuser der Kinder reicher Eltern, sondern auch zwei sehr nette Campingplätze.

Praia de São Pedro do Moel
Von Klippen gesäumt liegt der kleine Stadtstrand da. Wenn man vom Wasser in Richtung des Ortes mit seinem zentralen Platz und den erhöht gebauten Häusern schaut, weiß man, warum die Eltern von Pedro hier investiert haben. Sie essen meist im Estrela do Mar. Nett ist auch die Iceberg Beach Bar.

Praia Velha

Etwas außerhalb des Ortes, leider nicht per Strandspaziergang erreichbar, erhebt sich der kleine Leuchtturm Farol de Penedo da Saudade. Einen halben Kilometer dahinter öffnet sich der große, auch bei jungen Leuten beliebte „alte Strand“. Die nahe Strandpinte Meraki ist empfehlenswert.

NAZARÉ

Bei diesem Namen sehen einige wahrscheinlich schon die 20-Meter-Wellen auf sich zurollen, und tatsächlich ist Nazaré das Eldorado der Big-Wave-Surfer. Doch in der Jahreszeit, in der die großen Wellen gegen den geduckt auf einer Klippe stehenden Leuchtturm anrennen, liegt ohnehin niemand am Strand, denn die Monsterwellen kommen zwischen November und Januar.

Praia da Nazaré

Der kleine Stadtstrand liegt südlich von der Forte de São Miguel Arcanjo, zu der man mit einer Seilbahn fahren kann. Der Strand ist gut ausgestattet, es gibt mehrere Pinten und im Gassengewirr der kleinen Altstadt einige hübsche Cafés.

Praia do Norte

Nördlich der berühmten Surferklippe liegt die wildromantische Praia do Norte, ein endlos wirkender Sandstrand, der sehr beliebt bei Kitesurfern ist und sich gleichzeitig als Naturschönheit erweist, wenn impressionistisch die Gischt in der Luft schwebt und in den Kiefernwald zieht.

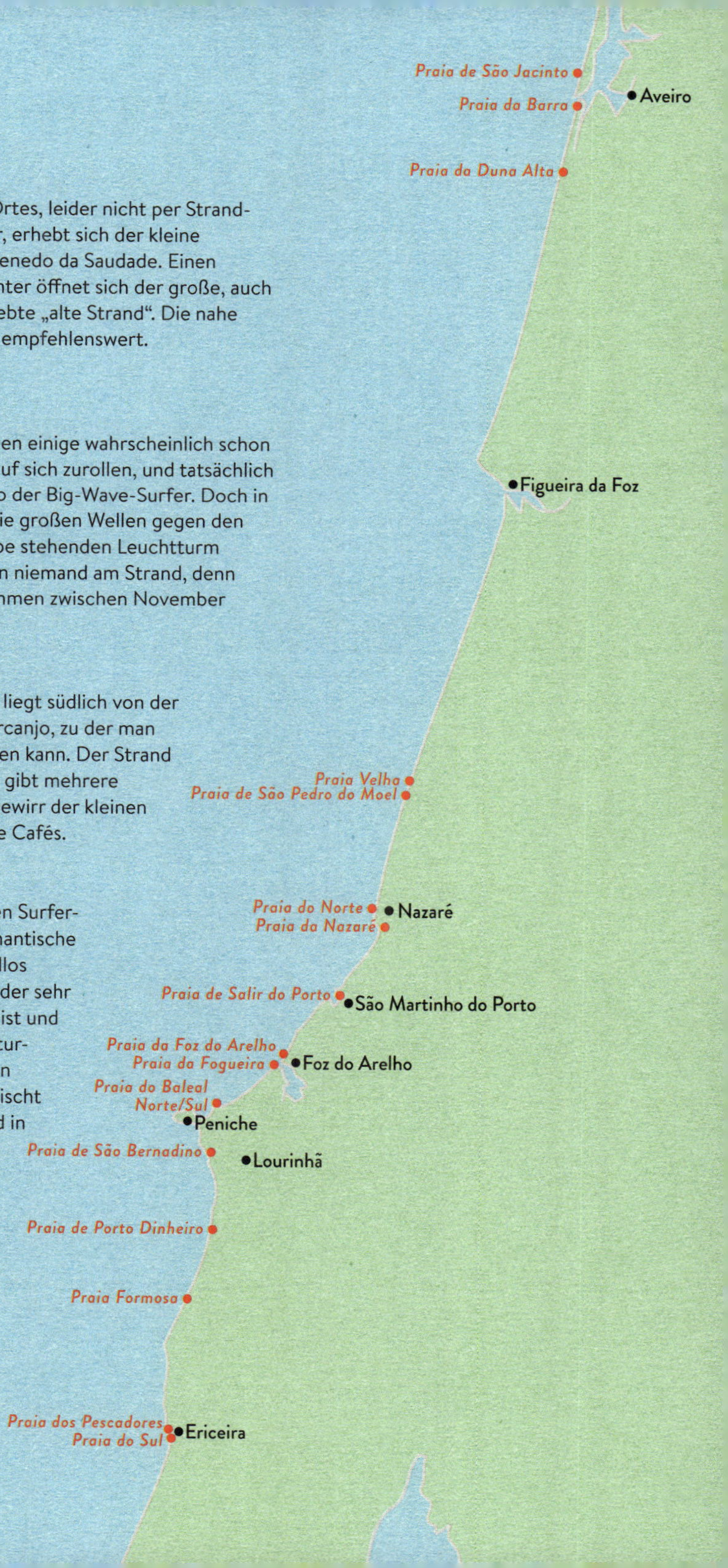

SÃO MARTINHO DE PORTO

„Nächstes Jahr suchen wir uns einen neuen Strand, Susanne", sagte mein Vater mit ernster Miene, bis zu den Knöcheln im Meer stehend. „In den vergangenen zwei Wochen bin ich nicht einmal im Wasser gewesen, es ist mir hier zu kalt." Ich war ungefähr vier Jahre alt, sah staunend zu ihm hoch und vermutete, dass er mich so nur dazu bringen wollte, aus dem Wasser zu kommen. Mein Bruder und ich liebten diese geschützte Bucht, in der das Meer sanft plätschert. Sie ist deshalb beliebt bei vielen Familien. Es gab immer Kinder, mit denen wir spielen konnten. Viele Jahre haben wir in der üppigen Bahía de São Martinho do Porto unsere Sommer verbracht, bis mein Vater den roten Audi 80 Richtung Vila Nova de Milfontes steuerte.

Praia de Salir do Porto
São Martinho do Porto liegt am Rio Tornada, einem Flüsschen, der entgegen seines Namens sehr sanft in das Meer mäandert. An diesem kleinen Strand mündet der Fluss in den Atlantik und beschert den Badenden die Möglichkeit, in zwei Gewässern zu schwimmen.

FOZ DO ARELHO

Zwischen Óbidos und Caldas da Rainha erstreckt sich eine weite Lagune, die bei Foz do Arelho ständig mit frischem Meerwasser gefüllt wird. Es gibt drei kleinere Orte, die alle sehenswert sind: Óbidos wegen der gut erhaltenen, meist mit Blumen geschmückten Stadtmauer, Caldas da Rainha wegen seines schönen Thermalbads und Foz, weil es direkt am Meer liegt.

Praia da Foz do Arelho
Dieser Strand wird von Surfanfängern geschätzt, ist aber durch die Lagune auch beliebt bei Familien. Oberhalb des Strandes liegt die kleine Snackbar O'Clock, die einen großartigen Blick bietet und einen leckeren Octopus-Burger.

Praia da Fogueira
Wenn es die Gezeiten zulassen, kann man vom Ortsstrand auf den gegenüberliegenden wechseln (nicht vergessen, dass man nur bei Ebbe wieder hier entlang zurückkommt und sonst einen sehr weiten Weg zum parkenden Auto hat). Vor den hohen Klippen liegt es sich großartig.

PENICHE

Durch die Lage auf einer Art Halbinsel, die die Wellen perfekt bricht, bietet Peniche Anfängern und Fortgeschrittenen gleichermaßen gute Bedingungen zum Surfen. Bekannt ist die Stadt auch für ihre Konservenfabrik. Der Ort ist bei Surf-, Yoga- und Partyurlaubern beliebt, also recht trubelig. Es gibt aber auch mindestens zwei großartige Strände.

Praia do Baleal Norte
Auf der einen Seite die Ilha do Baleal, auf der andere die hoch aufragenden Klippen, dazwischen ein zauberhaft halbmondförmiger Strand mit einigen Buchten. Sehr schön.

Praia do Baleal Sul
Genauso schön, nur deutlich größer ist der Südstrand. Er ist weniger felsig und eher von kleinen Dünen und viel Sand geprägt. Besonders hübsch ist es ganz im Süden.

LOURINHÃ

Allein zwischen Peniche und Ericeira gibt es mindestens 30 Strände – die meisten davon liegen südlich der Kleinstadt Lourinhã, die für ihre Dinosaurierfunde bekannt ist. Es gibt sogar einen Lourinhanosaurus, einen kleinen Raptor, dem man wahrscheinlich nicht gern in Badekleidung begegnen würde. Einige der hübschen Buchten mögen wir besonders gern.

Praia de São Bernadino
Hohe Klippen, eine steil zum Wasser führende Straße, goldener Sand. Dass

dieser einsam wirkende Strand sogar eine kleine Pinte hat, sagt viel darüber aus, was hier an Sommerwochenenden los ist.

Praia de Porto Dinheiro
Diesen Umweg muss man sich richtig vornehmen. Dafür wird man auch belohnt: ein Kaff am Ende der Straße, eine wildromantische Klippenformation, ein toller Sandstrand und mehrere kleine Restaurants.

Praia Formosa
Nur wenige Orte haben ihren Namen so sehr verdient wie dieser hübsche Strand: Ein steiler Weg führt hinab, es gibt ein in den Fels der Klippen getriebenes Café und 50 Meter Strand. Hier ist man nie so richtig allein, dafür ist es hier zu famos.

ERICEIRA

„Was? Ihr wollt in dem Nebelloch Urlaub machen, Susanne?" Meine Mutter sah mich mit großen Augen an. „Du weißt schon, dass es in Ericeira sehr kühl und nebelig sein kann?" Doch nur im Herbst, dachte ich, wenn plötzlich eine Nebelbank über das Meer rollt und den Strand verschluckt. Ja, es könne das ganze Jahr über immer wieder kühl werden, erzählt auch Darcie, die Inhaberin des Olá Onda Guesthouse. Häufig sitze man abends noch lange draußen und am nächsten Morgen sei dann plötzlich alles grau. Surfer stört das natürlich nicht und viele schätzen die Kühle in den heißen Sommermonaten.

Praia dos Pescadores
Nahe der Innenstadt liegt dieser kleine Strand, von dem tatsächlich noch einige Fischer ihre Boote ins Wasser schieben. Hinter den Badenden erhebt sich eine steile Felswand vor der Surf-City. Der Platz oberhalb des Strandes ist ein beliebter Treffpunkt.

Abenddämmerung am Strand von Ericeira

Praia do Sul und Praia da Baleia
Die zwei kleinen, ineinander übergehenden Strände neben dem besten Hotel am Platz sind eine Augenweide. Allerdings: Die Wellen hier können recht kräftig sein. Dafür gibt es ein Becken für Kinder. Baia do Sul heißt die kleine Strandpinte, in der man gelbe *tremoços* (Lupinenkerne) zum kalten Bier bekommt.

„Sie kamen in der Abenddämmerung in Lissabon an, zu der Zeit, wenn die Sanftheit des Himmels die Seelen mit einer süßen Schärfe erfüllt."

JOSÉ SARAMAGO

Stadt, Strand, Fluss

Wir freuen uns immer, wenn das Flugzeug über den Atlantik in Richtung Stadt einschwebt. Dann drängeln wir uns wie Kinder an den Fenstern schauen hinaus: Hier die schönen Villen von Estoril, da die Strände der Costa da Caparica und der Setúbal-Halbinsel. Dann der Fluss, der Cristo Rei, die Brücke des 25. April. Und wir erkennen die Stadtteile – Almada, Alcântara, Alfama, Alcochete. Inzwischen haben wir all diese Orte auch intensiv besucht. So ist es uns leicht- und gleichermaßen schwergefallen über Lissabon und sein Umland zu schreiben. Unser Blick auf die Stadt.

Street-Art an den Mauern des Pátio de Dom Fradique im Stadtteil Castelo

LISSABON

Das schöne Monster

Mit wem auch immer man in Lissabon spricht, bald geht es um den dynamischen Wandel, den die Stadt durchläuft. Manche sehen die Entwicklung mit Sorge, andere lassen sich tragen von der Aufbruchstimmung. Unsere Geschichte beginnt mit einem Unhold.

„Touristen und Einheimische werden immer mehr zu Nachbarn", sagt Inês Nunes und macht eine Handbewegung, die alle an diesem Ort einzuschließen scheint. Wir sitzen vor dem Quiosque do Adamastor. Es ist einer jener Plätze, die man entdeckt, wenn man das Gefühl hat, schon viele besondere Orte in dieser Stadt gefunden zu haben – und man kann sich gar nicht vorstellen, dass es noch besser wird. Wird es aber.

Adamastor ist eine Gestalt, die der portugiesische Nationaldichter Luís de Camões erfunden hat, um die *saudade* in die griechische Mythologie zu bringen: Ein Mann verliebt sich in Thetis, die Tochter der Meeresgöttin. Diese ist ob dieses Frevels - ein Mensch stellt dem Kind einer Göttin nach! - so erbost, dass sie den Liebestrunkenen an jenen Fels verbannt, wo Atlantik und Indischer Ozean aufeinandertreffen. Seither leidet und wütet der Unglückliche am Kap der Guten Hoffnung.

In Lissabon hat man einen ungeheuer schönen *miradouro* nach dem *saudade*-Unhold benannt. Wir sitzen dort oben auf grünen Metallstühlen, trinken eine Limonade und genießen einen dieser Abende, die es nur hier zu geben scheint. Die Luft duftet nach Kaffee, dem knisternden Laub der Platanen, auf dem Tejo glitzert die Sonne wie ein goldenes Vlies. Ein Schiff segelt durch den strahlenden Lichtfleck.

Würde man Städte charakterisieren wie Menschen, wäre Lissabon die erfolgreiche Künstlerin: stolz, ein wenig eitel, aber auch überrascht vom eigenen Erfolg. Nach außen würde sie es nicht zeigen. Aber eigentlich kann sie sich nicht erklären, warum plötzlich alle auf sie stehen. War die Stadt nicht schon immer toll? Die Lage am Wasser, die Geschichte, das Wetter, das leckere Essen, dieses Licht ...

Schmuckdesignerin Inês Nunes

Auf wen man auch trifft, nach einiger Zeit drehen sich die Gespräche um dieses neue Superstar-Dasein. Die *lisboetas* freuen sich über die Anerkennung, die ihre Heimatstadt erfährt. Aber warum erst jetzt? Und warum fällt diese Zuneigung so heftig aus: all die Tuk-Tuks, die Kreuzfahrtschiffe, die neuen Hotels, die vielen Touristen. Inês sagt, es sei so mühselig im langjährigen Lieblingsrestaurant einen Tisch zu bekommen, dass es leichter sei, ein neues zu finden. Und dann die Preise für Grundstücke und Häuser – surreal!

Inês ist eine langjährige Freundin. Sie hat Psychologie studiert und Schmuckdesign. Ihre Arbeiten zieren die Ohren, Hälse, Arme und Kleidungsstücke vieler Stars und werden in Ausstellungen gezeigt. Auffällige Broschen, Ringe und Reifen, die schmücken und die Grenze überwinden zwischen Design und Kunst. Aktuell zählt Inês zu den angesagtesten Künstlerinnen der Stadt.

Inês repräsentiert das moderne Lissabon – unabhängig, weltoffen, selbstbewusst. Wenn sie über ihre Arbeit spricht, die Kunstszene der Stadt und die Herausforderungen dieses dynamischen Wandels, spürt man, wie anders sie diese Stadt wahrnimmt, als wir Reisenden es tun. Für sie ist Lissabon Stimulus und Inspiration. Die Stadt als Ausgangspunkt eines kreativen Prozesses.

Als wir in der frühen Phase der Pandemie nach Lissabon gekommen sind, hatten wir hin und wieder das Gefühl, viele freuten sich, dass die Touristen wegblieben. Plötzlich konnte man wieder ohne Reservierung ins Lieblingsrestaurant gehen, die Eléctricos nutzen wie ein gewöhnliches Nahverkehrsmittel. Dabei fahren die *lisboetas* gar nicht Tram. Doch als die Wagen so seltsam leer durch die Stadt rumpelten wie die Geisterbahn eines Jahrmarkts ohne Besucher, kamen manche ins Grübeln.

Wenn wir in Lissabon unterwegs sind, schwanken unsere Gefühle zwischen der Begeisterung über Straßen, Häuser und Plätze, die dem drohenden Verfall entrissen wurden, und dem Staunen darüber, wie schnell dies passiert ist. Lissabon war für uns immer auch die Stadt der düsteren Häuser, gezeichnet von der Feuchtigkeit des Atlantiks. Jetzt überwiegt frisch gestrichener Sandsteinputz. Lissabon sieht in Teilen aus wie aus einer Immobilienbroschüre entsprungen.

Mehrere Jahre hintereinander war Portugal ein Postergirl des Aufschwungs. Die Wirtschaft wuchs, die Arbeitslosenquote sank. Von 12 Prozent im Jahr 2015 auf 6,6 Prozent im letzten Vor-Corona-Jahr. Der Tourismus war ein starker Treiber. Immer mehr internationale Hotelgruppen eröffneten hier

Häuser, brauchten Architekten, Baumaterialien, Handwerker, Personal, Lebensmittel etc. Immer mehr Investoren brachten Geld in die Stadt, sogar Madonna investierte hier. Lissabon schickte sich an, das neue Barcelona zu werden. Alles richtig gemacht?

Dabei spürte man schon die Folgen einer unkontrollierten Entwicklung. Die Zuwächse der Übernachtungszahlen stiegen zweistellig. In manchen

Stadtteilen Lissabons, so Erhebungen von Luís Filipe Gonçalves Mendes, der am Institut für Geografie und Raumplanung der Universität Lissabon forscht, sind mehr als 60 Prozent der Wohnungen in Kurzzeitunterkünfte umgewandelt worden. Zudem steigen die Immobilienpreise, selbst in einfachen Wohngebieten kostet ein Quadratmeter 6.000 Euro und mehr. Entsprechend haben sich die Mieten drastisch erhöht.

Keine Hauptstadt ist billig. In Lissabon gibt es zudem viel Nachholbedarf. Früher waren die Mieten gedeckelt, selbst große Wohnungen kosteten im portugiesischen Staatssozialismus kaum 100 Euro im Monat. Viele Häuser verfielen. Jetzt boomt der Immobilienmarkt. Und so mancher finanziert seine Wohnung durch eine Vermietung über Airbnb.

Eine Studie zeigt, dass es nicht individuelle Wohnungsbesitzer sind, die das Business mit den Ferienapartments treiben. Ein Großteil dieser etwa 26.000 Angebote (Stand Dezember 2019) wird von Unternehmen verwaltet, der größte Anbieter betreibt 264 Objekte. Es ist eine Industrie, für die es keine Kontrolle gibt. Stadtgeograf Mendez schreibt, Lissabon habe sich in ein Monster verwandelt.

Es ist aber ein verdammt schönes Monster. Diesen Widerspruch kann man an vielen Orten der Stadt erleben. So führt eine schmale Gasse hinauf zum Platz hinter dem Quiosque Adamastor. Schon früher war die Travessa da Laranjeira (die „Orangengasse") als Umschlagplatz für Drogen bekannt. Auch jetzt zischeln Dealer die Passanten an. Direkt daneben steht ein livrierter Page und empfängt die Gäste eines *palácios* aus dem 18. Jahrhundert, der zu einem sehr schönen Luxushotel umgebaut wurde. Gegenüber das beliebte Restaurant Pharmacia mit seiner Gartenterrasse, auf der Drinks wie Kunstwerke serviert werden. Und hier der *miradouro* mit dem Kiosk. Ein kleines Bier kostet 1,50 Euro.

„Städte ändern sich ständig", sagt Inês. Wie sie profitieren viele Künstler von der Aufmerksamkeit, die Lissabon aktuell erfährt. Etwa während der First Contemporary Jewellery Biennial und der Moda Lisboa Fashion Week, bei Kunstmessen wie Drawing Room oder Arco Lisboa. Inês zeigt ihre Arbeiten im MUDE, dem Museu do Design e da Moda, neben Vivienne Westwood und Yves Saint Laurent. Und im Museu da Farmácia, in dem sie das Thema

Corona und Mode interpretiert. „Ich bin für den Tourismus“, sagt Inês. Sie kenne aber viele *lisboetas*, die genervt seien von der Entwicklung. Es gibt einen Konflikt, und wir mit unseren Rollkoffern sind ein Teil davon.

Auch Inês zieht sich mehr und mehr aus der Innenstadt zurück. Sie hat ihr Atelier in der Alfama aufgegeben, wohnt und arbeitet jetzt außerhalb. Seitdem sieht sie Lissabon mit anderen Augen: „Wenn ich in die Stadt fahre, nutze ich die Zeit zum Lesen und für Social Media. Für mich ist das Teil des kreativen Prozessess. Ich finde das superspannend.“

Würde man Lissabon charakterisieren wie einen Menschen, wären seine Charaktereigenschaften Optimus, Durchhaltevermögen, ein leichter Hang zum Größenwahn – die Portugiesen lieben Superlative – und das Selbstbewusstsein, auch anderen zu zeigen, dass man es zu etwas gebracht hat. Neue Projekte entstehen, alte Paläste werden aufwendig renoviert. Zur Begeisterung für das Neue gehört immer auch die Sehnsucht nach der Vergangenheit, die portugiesische *saudade*.

Das Museo do Design e da Moda – **MUDE** – zeigt Arbieten portugiesischer und internationaler Designer.

Rua Augusta 24
mude.pt

Die Geschichte der Medikamente im **Museu da Farmácia** zeigt Heilpflanzen aus aller Welt und Arzneien.

Rua Marechal Saldanha 1
museudafarmacia.pt

Im Restaurant **Pharmacia** werden Drinks angeboten, deren Namen an Arzneimittel erinnern. Die Küche von Susana Felicidade ist sehr lecker, die *petiscos* eignen sich perfekt zum Teilen.

Rua de Santa Catarina 2–4
facebook.com/restaurantepharmacia

Die **Brotéria** in den Gebäuden eines alten Jesuitenklosters ist ein Kulturzentrum für Ausstellungen und Lesungen, selbstverständlich gibt es auch ein hübsches Café.

Rua de São Pedro de Alcântara 3
broteria.org

Die Stadt vom Wasser aus zu erleben, hat einen besonderen Reiz. Die Agentur vermittelt Segel- und Motorboote mit Skipper ab Belém.

Doca de Belém
lisbonbyboat.com

Auf ihrer Website stellt **Inês Nunes** ihre Arbeiten vor, präsentiert wird sie von der Galerie Reverso – Contemporary Jewellery.

Rua da Esperança 59–61
galeriareverso.com
ines-nunes.com

Ausstellungen und Events

Moda Lisboa – Lisbon Fashion Week

modalisboa.pt

Arco Lisboa – International Contemporary Art

ifema.es/pt/arco-lisboa

Parque das Nações
Lissabon
Beato
Xabregas
Rato
Intendente
Graça
Príncipe Real
Mouraria
Alfama
Castelo
Bairro Alto
Baixa
Chiado
Lapa
Alcântara
Estrela
Cais do Sodré
Santos-o-Velho
Belém
Tejo
Almada
LISSABON
0
1000
2000
3000
Meter

BAIRROS IN LISSABON

Confusão!

Metropolen sind nie bloß eine Stadt. Jedes Viertel steht für ein eigenes Lebensgefühl. Lissabon hat 53 Stadtgemeinden, die auf 24 reduziert wurden. Aber die neuen Namen verwendet niemand. Anders gesagt: Es ist kompliziert. Ein Überblick.

Eine Nebelbank über Ericeira, die langen Strände der Costa da Caparica, schließlich die Christusfigur und die berühmte Brücke – Touchdown. Oder der sich windende Fluss, ein sich weit ins Land ausbreitendes Häusermeer, schließlich die weiß strahlende Vasco-da-Gama-Brücke und die Hochhäuser rund um den Flughafen. Je nachdem, aus welcher Richtung man sich Lissabon per Flugzeug nähert, zeigt sich ein anderes Bild. Und erst wenn man schon öfter hier gelandet ist, fällt die Orientierung leicht.

Ab einer gewissen Größe werden Städte immer weniger greifbar. Je mehr man von einer Stadt gesehen hat, desto differenzierter wird der Blick. Wer Lissabon kennt, würde niemals behaupten: „Ich liebe Lissabon." Lange bestand die Stadt aus vier *bairros* („Bezirken") mit 53 *freguesias* („Stadtgemeinden"). 2012 wurde die Stadt neu aufgeteilt in 24 Bezirke, die wiederum in fünf übergeordnete Zonen zusammengefasst sind.

Letztere tragen eher technische Namen: Zona Norte, Zona Ocidental und so weiter. Die *freguesias* heißen jetzt Santa Maria Maior, Campo de Ourique oder Misericórdia („Barmherzigkeit") – Namen, die kaum jemand nutzt. Hinzu kommt, dass manche gelebte Bezeichnung weder zu den alten noch zu den neuen *freguesias* passt. Jeder kennt die Alfama, sie ist aber gar kein Bezirk. Und so herrscht ein seltsames Durcheinander zwischen verwalteter und gelebter Stadt.

Auch wir leben dieses Durcheinander. In diesem Kapitel wollen wir Lust machen, die verschiedenen Viertel zu entdecken.

DAS SCHICKE ZENTRUM: BAIXA UND CHIADO

Auf dem einen Teil der Rua Augusta präsentieren sich die Flagship-Stores internationaler Marken, auf dem anderen Teil kobern Restaurants um Gäste, in den Parallelstraßen findet man Tür an Tür Touristennepp und authentische *pastelarias,* Taxis hupen, Trams klingeln und ein ständiger Menschenstrom wuselt durch die Straßen – willkommen im Zentrum der Stadt. Baixa bedeutet „niedrig“ oder „unten“. Und das ist in einer Stadt mit sieben Hügeln erstmal eine Ortsbestimmung. Schon immer war die Unterstadt das wirtschaftliche und politische Zentrum. Nach der völligen Zerstörung durch das Große Erdbeben von 1755 wurden die Straßen in einer Art Schachbrettmuster neu angelegt und das berühmte *calçada*-Pflaster eingearbeitet. So entstand die Innenstadt, wie wir sie heute noch kennen. Daran schließt der Chiado an, ein Geflecht aus Gassen und Straßen, in deren Cafés und Bars sich einst die Dichter der Stadt trafen, die diesem Stadtteil seinen Namen gaben – *chiado* heißt „pfiffig“.

Entdecken

Im **Chiado** finden sich viele teure und etablierte Geschäfte, etwa Vista Alegre, seit dem 19. Jahrhundert Porzellanlieferant verschiedener Königshäuser, das neu aufgebaute Kaufhaus Armazéns do Chaido oder das Handschuhgeschäft Luvaria Ulisses.

Essen

Perfekt für einen Snack oder eine der leckeren, nach traditionellen Rezepten hergestellten, allerdings auch ziemlich süßen Süßigkeiten – **A Padaria Portuguesa**.

Rua Áurea 94
apadariaportuguesa.pt

Unter dem Motto „Food made with Compassion“ interpretiert Küchenchef Vitali die portugiesische Küche auf faszinierende Weise neu: Sein Oktopus-Salat sieht aus und schmeckt wie das Original, ist aber vegan. Denn Vitali wünscht den Tintenfischen ein glückliches Leben. Auch das Bitoque – eigentlich ein Steak mit Spiegelei –, die Francesinha oder der Cheesecake sind vegan. Und schmecken grandios. Für das Essen gibt es viel Lob. Mit den Einnahmen unterstützt das **Restaurant Kong** diverse Tierschutz-Projekte.

Rua do Corpo Santo 2
kongvegan.com

Schlafen

Im **Memória Lisboa** sollte man statt des neuen Lifts das Treppenhaus nehmen: jahrhundertealte, ausgetretene Steinstufen, großartige Azulejos, hohe Holztüren – alles sorgfältig renoviert. Beeindruckend. Die Zimmer sind hochmodern, tolle Bäder, bequeme Betten. Nach vorn allerdings recht laut, weil direkt an der Straße. Wir holen die Ohrstöpsel raus und freuen uns auf das gute Frühstück am nächsten Morgen.

Rua da Madalena 179
flh-hotels.com

Vintage ist Trend. Doch dieser Palast atmet echte Geschichte. Die spanische Hotelgruppe H10 hat viel Geld investiert, um aus dem Gebäude-Ensemble in einer Nebenstraße der Avenida da Liberdade ein prachtvolles Hotel zu machen: **The One Palácio da Anunciada**, dessen Grundmauern bis ins 16. Jahrhundert zurückreichen, ist wirklich gelungen. Und in der Nebensaison sogar bezahlbar.

Rua das Portas de Santo Antão 112–134
hotelstheone.com

Die Gastgeber

BARBARA, TOREL PALACE

„Ich kam in dieses Hotel und sagte mir: 'Wow, hier wäre ich gern für immer!'“ Barbara Ott lächelt ein Lächeln, das viel ausstrahlt von der Magie dieser ersten Begegnung. Und von der charmanten Entschlossenheit, mit der sie die Verwirklichung ihres Traumes verfolgte. Drei Monate nach ihrem ersten Besuch zog sie von der Steiermark nach Lissabon. Heute ist sie die Direktorin im Torel Palace. Das Hotel ist ein Ensemble aus drei Gebäuden. Zimmer im *palácio*-Stil, ein üppiger Garten, ein hübscher Pool und eine grandiose Aussicht. Wenn man sich mit Barbara unterhält, spürt man schnell, dass es nicht nur die Lust auf eine neue Karriere in der Hotellerie war, die sie nach Lissabon gebracht hat. „Es war die Sehnsucht, ein anderes Tempo zu leben.“

Rua Câmara Pestana 23
torelpalacelisbon.com

RUND UM DEN BURGBERG CASTELO UND MOURARIA

Unterhalb des Castelo de São Jorge haben wir für eine gewisse Zeit in der Wohnung einer Redakteurin des Inflight-Magazins der portugiesischen Airline TAP gelebt. Ihr schön eingerichtetes Apartment lag im vierten Stock eines Altbaus. Und das Verrückte: Nach vorn geht der Blick weit über die ganze Stadt, nach hinten hat man einen Garten. Die Häuser unterhalb der Burg sind mit dem Fels verbunden und somit Teil einer Sehenswürdigkeit der Stadt. Castelo hat als Stadtteil lange einen Dornröschenschlaf gehalten. Die Burg war verfallen, viele Häuser am Burgberg befanden sich in einem schlechten Zustand. Seit ein paar Jahren boomt der Stadtteil. Auch weil immer mehr Gäste aus Mouraria hinaufkommen. Der arabisch geprägte Stadtteil gilt als Geburtsort des Fado. Wenn man hier abends ausgeht, reihen sich Kneipe an Restaurant an Bar ...

Essen

In der **Pastelaria Santo António** schmeckt man, was dabei heraus kommt, wenn man in Portugal nach französischen Rezepten backt.

Rua do Milagre de Santo António 10
facebook.com/apastelariasantoantonio

Es gibt Orte, die sich bockig jedem Trend entgegen stemmen. Das Restaurant **O Guerreiro** („der Krieger") ist so ein Ort. Die Einrichtung ist so traditionell portugiesisch, dass man es kaum aushält, das Essen kann man nur authentisch nennen.

Rua de Santa Cruz do Castelo 52

Das **Chapitô** ist eine Institution. Die frühere Zirkusschule hat sich gewandelt zu einem alternativen Kulturzentrum mit Theater und diversen gastronomischen Angeboten: Restaurant, Bistro, Biergarten, Bar. Und alle bieten eine grandiose Aussicht.

Costa do Castelo 7

Man geht am Supermarkt Pingo Doce vorbei und steigt in den Elevador da Baixa, der die Unterstadt mit den Gassen rund um die Burg verbindet. Man kann auch die Treppen der *travessa* nehmen. Oben angekommen gibt es das kleine Lokal **São Jorge**, das öfter mal neue Pächter hat, hin und wieder ein neues Konzept, immer aber einen schönen Blick auf die Stadt bietet, dazu ein kaltes Bier, ein paar Snacks.

Calçada do Marquês de Tancos 1

Schlafen

Ein Hotel so eng und verwinkelt wie dieser Stadtteil: Die Zimmer in den **Pateo Lisbon Suites** sind klein, aber fancy; das Frühstück ist wunderbar. Vor allem aber die Lage – die ist perfekt.

Rua das Farinhas 13
lisbonloungesuites.com

1994 war Lissabon die Kulturhauptstadt Europas. Im selben Jahr sorgte ein deutsches Roadmovie für Aufmerksamkeit: Lisbon Story. Darin erzählt Wim Wenders die Geschichte eines Toningenieurs auf der Suche nach einem Freund. Aber eigentlich ist der Film eine Hommage an Lissabon. Gedreht wurde unter anderem im imposanten **Palácio Belmonte**. Das grandiose Gebäude hat Grundmauern aus der Römerzeit und war in den Besitz des Franzosen Frederic Coustols gekommen. Er betrieb es viele Jahre als Luxushotel, Künstler und Freunde wohnten hier zum Sonderpreis. Wir hatten das Glück, vom immer Zigarre rauchenden Frederic noch durch das Haus geführt worden zu sein, durch einzigartige Zimmer, den traumhaft schönen pátio mit alten Bäumen und Pool. Inzwischen ist das Hotel geschlossen. Die Website gibt kunstvoll Einblicke in die Geschichte dieses eindrücklichen Ortes, der noch immer einen Besuch wert ist. Wir sind gespannt, was daraus wird.

Pátio de Dom Fradique 11
palaciobelmonte.com

Ein Hotel wie eine Filmkulisse: Palacio Belmonte

DAS TREPPENVIERTEL: GRAÇA UND SÃO CRISTÓVÃO

Dass Lissabon auf Hügeln errichtet wurde, erschließt sich jedem, der die Stadt zu Fuß erkundet. Im ständigen Auf und Ab fragt man sich irgendwann: „Das sollen nur sieben Hügel sein?" Eine unserer ersten Wohnungen befand sich an der Igreja Paroquial de São Cristóvão e São Lourenço, nur wenige Meter von der touristischen City entfernt – und doch in einer anderen Welt. Denn die Häuser am Hang erreicht man über sogenannte *escadinhas* bzw. *travessas*. Diese schmalen Treppengassen bilden einen eigenen Mikrokosmos in der Stadt: Wäsche hängt über den Stufen, Stühle stehen vor Haustüren, Katzen sitzen in Fenstern, das Gebrabbel der Fernseher, und an Orten, an denen man es nie erwarten würde, taucht plötzlich ein Kiosk oder ein Café auf. Eine solche Treppe ist nicht einfach nur ein Weg. Sie ist ein Lebensraum.

Eine dieser Treppengassen ist die Caracol da Graça. Die „Schnecke" windet sich vorbei am Jardim da Cerca da Graça, einem kleinen Park, in dem sich offenbar alle Hunde der Innenstadt austoben, bis hinauf zu einem der schönsten Aussichtspunkte Lissabons – dem Miradouro da Graça. Hier sitzt man abends wunderbar bei einem Sagres und ein paar *tremoços*. Man rätselt, welches der Häuser wohl Madonna gehört. Oder man schaut der Stadt einfach beim Schönsein zu. Und das kann sie wie keine zweite.

Entdecken

Beliebt und bekannt ist die **Feira da Ladra**, der „Diebesmarkt". Seit dem 19. Jahrhundert wird er auf dem Campo de Santa Clara abgehalten. Und schon genauso lang sind die „Antiquitäten", die hier gehandelt werden, von zweifelhaftem Ruf (heute eher, weil viel Tand dabei ist). Jeden Dienstag und Samstag bauen hier die Händler ihre Stände auf. So hat es schon manch seltene Schallplatte in unser Regal geschafft.

Essen

Wir lieben das kleine **Stehcafe** an den Escadinhas de São Cristóvão, unterhalb der Kirche. Hier kriegt man eine *bica*, ein Törtchen und eine kleine Flasche Wasser. Das üppige Mural ist übrigens von Nuno Saraiva.

Vor dem **O Pitéu** muss man immer warten, bis ein Tisch frei wird. Das kleine, eher nüchterne Restaurant bietet traditionelle Küche auf bestem Niveau.

Largo da Graça 95–96
facebook.com/opiteudagraca
instagram.com/restauranteopiteu

Schlafen

Die **Dona Graça Apartments** befinden sich in einem hübsch renovierten Haus auf einem weniger bekannten Hügel. Es gibt einen netten Garten mit einem kleinen Pool und aus einigen Zimmern einen schönen Blick über die Stadt. Das Frühstück wird aufs Zimmer gebracht, und man macht es sich gemütlich.

Rua da Bela Vista à Graça 124
dona-graca.com

Die Gastgeber

JOÃO, SANTA CLARA 1728

„Wir bitten unsere Gäste gern, Anreisenden eine Postkarte mit Empfehlungen zu schreiben", sagt João und lächelt. Die Post kommt also nicht als Gruß aus den Ferien, sondern als Botschaft an den Urlaub, den man noch antritt. Diese Idee sagt viel aus über den Gastgeber des Santa Clara 1728 und sein Konzept Silent Living. Der aufwendig renovierte Stadtpalast bietet umwerfend schöne, puristische Zimmer mit großen Bädern und Blick auf das Pantheon. Vor allem aber bietet er das Gefühl, einer kreativen Gemeinschaft anzugehören. Zum Frühstück trifft man sich an einer langen Tafel. Der Koch bereitet die erste Mahlzeit des Tages. Es herrscht eine Atmosphäre der Ruhe. Und es überrascht nicht, wenn João sagt, dass viele Gäste gern verlängern. Der Mindestaufenthalt beträgt zwei Nächte.

Campo de Santa Clara 128 RC
silentliving.pt/houses/santa-clara-1728

TASCAS UND FADO IN DER MAURISCHEN ALTSTADT: ALFAMA

Sich in den *calçadas* und *travessas* der Alfama zu verlieren, ist kein Geheimtipp. Spannend ist es trotzdem, denn hier wird Wandel seit Generationen gelebt. Einerseits gibt es noch die engen, fast hässlichen und doch irgendwie großartigen *tascas*, in denen sehr traditioneller *bacalhau* serviert wird oder das in jeglicher Hinsicht beachtliche *bitoque* – ein Rindersteak mit Spiegelei. Und hier kann man noch mit einem Gläschen Kirschlikör *(ginja)* vor einer kleinen Pinte stehen und Fado hören. Andererseits gibt es nur wenige Schritte weiter eine Bar, die nur Craftbeer ausschenkt und ein Restaurant, das sich ganz auf Tasting-Menüs spezialisiert hat.

Für viele Touristen scheinen Fado und Alfama fest miteinander verwachsen zu sein. Dabei hat Amália Rodrigues, die Königin des Fado, viele Jahre vor allem im Bairro Alto gesungen. Amália war für die Portugiesen eine Ikone, in Deutschland müsste man sich eine Künstlerfigur vorstellen, die in sich Nena, Helene Fischer, Udo Jürgens und Karel Gott vereint. Als Amália verstarb, ordnetet der damalige Premierminister António Guterres eine dreitägige Staatstrauer an.

Entdecken

Klein und fein ist das Fado-Lokal **A Bauica** – unbedingt reservieren. Wer draußen vor der Tür warten muss, bekommt aber auf jeden Fall einen Port oder eine *ginja*.

Rua de São Miguel 20

Das **Museu do Fado** bietet einen wundervollen Überblick über diese einzigartige, schwermütige Gesangskunst.

Largo do Chafariz de Dentro 1
museudofado.pt

Essen

Von der Decke der **Tasca do Chico** hängen die Schals unzähliger Fußballteams, an den Wänden Fotos der Prominenten und Fado-Künstler, die schon hier waren, draußen eine Tafel mit den Gerichten des Tages. Hier muss man eigentlich immer warten, bis ein Tisch frei wird.

Rua dos Remédios 83

Auch im **Santo António de Alfama** hängen Bilder der Künstler, die hier schon aufgetreten sind, aber sie sind gerahmt. Die Gewölbedecke ist hübsch renoviert und zwischen den Tischen ist so viel Platz, dass man sich nicht anbrüllen muss. Anders gesagt: Das Restaurant ist fast keine *tasca* mehr. Fast.

Beco São Miguel 7

Als das Gegenteil einer *tasca* könnte man das **Boi-Cavalo** bezeichnen. Das kleine Restaurant ist sehr stilvoll eingerichtet, die neu interpretierte portugiesische Küche wird auf moderne Weise in großen Steingutschalen und -tellern schön angerichtet. Das Essen ist großartig.

Rua do Vigário 70B
boi-cavalo.pt

Weißte Bescheid

WORAN ERKENNE ICH, DASS ICH IN EINER RICHTIGEN *TASCA* BIN?

1. Papiertischdecken – werden flugs ausgewechselt, wenn der nächste Gast sich dem Tisch nähert.
2. An der Wand zeigt ein großes Foto die Gegend und das Restaurant, wie es vor 30 Jahren aussah.
3. In der Kühltheke stehen hinter Glas die Desserts: die Mousse au Chocolate – wenn sie fehlt, stimmt was nicht! – immer in einer silbernen Schale. Achtung: Selbst wenn sie aus der Packung angerührt ist, wird sie als „hausgemacht" angepriesen.
4. Nach dem Genuss von Meeresfrüchten wird einem ein eingepacktes Erfrischungstuch gereicht. Danach riechen die Hände selbst nach mehrmaligem Waschen noch nach künstlicher Zitrone.
5. Ein Gericht *(uma dose)* reicht für zwei.
6. Man wird schräg angeguckt, wenn man nach Ketchup für die harten Pommes fragt.
7. Der *aguardente* wird mit den Worten „Nein, nein, der ist nicht so stark ..." gereicht.

Schlafen

Zur Kooperation der Design Hotels gehört das **Memmo Alfama**. Wenn man davorsteht, ahnt man noch nicht, welche Vielfalt an Räumen hinter den Mauern steckt. Das Hotel erstreckt sich über mehrere Gebäudeteile auf diversen Etagen, es gibt kleine, enge und kleine, luftigere Zimmer, manche mit Blick, und eine wundervolle Terrasse. Die Hotelbar macht großartige Drinks.

Travessa Merceeiras 27
memmohotels.com

Blue Cruises
PRÍNCIPE DA BEIRA

DER WILDE OSTEN: XABREGAS UND BEATO

Am Containerterminal vorbei, unter den Bahnbögen durch und weiter Richtung Friedhof - zugegeben, die Wegbeschreibung zu diesem Stadtteil hat einen eher spröden Charme. Doch davon sollte man sich nicht abschrecken lassen: Die Stadtteile Xabregas und Beato, die administrativ nur noch Beato heißen, haben sich in jüngster Zeit zu einem Rückzugsort der *lisboetas* entwickelt. Die einen wollen die hohen Mieten in der Innenstadt nicht mittragen, die anderen haben sich gegen das Leben in der Partyzone entschieden. Und so kann es passieren, dass man hier in einer sehr coolen Pizzeria sitzt - und niemand spricht Englisch, weil man nur umgeben ist von Locals! Wer aktuell in Lissabon auf Entdeckungstour gehen will, begibt sich in diesen Teil der Stadt. Auf in den den wilden Osten!

Entdecken

Seit 1999 stellt die **Galeria Filomena Soares** auf mehr 1.000 Quadratmetern zeitgenössische Kunst aus. Sie hat den Wechsel von einem industriellen Stadtviertel zu einem kreativen urbanen Zentrum mitgestaltet.

Rua da Manutenção 80
gfilomenasoares.com

Das **Teatro Ibérico** spielt ein junges und engagiertes Programm in der Kirche des Klosters von Xabregas.

Rua de Xabregas 54
teatroiberico.org

Neues Leben in den alten Lagerhäusern am Hafen: Das Kulturzentrum **8marvila** begeistert mit einem grandiosen Mix aus Kitsch, Kulinarik, Quatsch und Kunst.

Praça David Leandro da Silva 8
8marvila.com

Essen

Zum Restaurant mit dem etwas umständlichen Namen **Aquele lugar que não existe lá em cima** („dieser Ort, der da oben nicht existiert") nimmt man sich am besten ein Taxi und hofft, dass der Fahrer sich nicht auf den Arm genommen fühlt. Denn den Ort gibt es. Er ist trendy und alternativ, und das Essen und die Drinks schmecken auch.

Rua do Açúcar 76A

Davon gibt es einige in Lissabon: blass-rosa Stadtpaläste, die wie Ruinen wirken und doch voller Leben sind. Einer davon ist der **Palácio do Grilo**. Das im 18. Jahrhundert errichtete Gebäude dient inzwischen als Kulisse für ein umwerfend unterhaltsames Dinner-Theater. Ein großes Vergnügen. Wir empfehlen: reservieren und genießen.

Calçada do Duque de Lafões 1
palaciogrilo.com

DIE HÜGEL IM WESTEN: PRÍNCIPE REAL UND BAIRRO ALTO

Um ehrlich zu sein, wir tun uns nicht leicht mit dem Bairro Alto. Der Stadtteil hat sich sehr zur reinen Partymeile entwickelt. Klar, hier wurde schon immer gefeiert, vor den legendären Bars wie Portas Largas standen die Leute schon immer lieber draußen als drinnen. Doch das Partyvolk hat den Stadtteil verändert. Und wir verstehen nicht, warum sich manche Besucher hier so respektlos gegenüber den Einheimischen verhalten. Aber es ist auch ein kreativer und alternativer Stadtteil mit vielen Ateliers, es gibt hier großartige Restaurants und schöne Hotels. Das gilt noch mehr für den zwischen Bairro Alto, Graça und Lapa liegenden Stadtteil Príncipe Real, der mit seinen großen Bürgerhäusern, kleinen Parks und dem ganz besonderen botanischen Garten sehr trendy ist.

Entdecken

In Lissabon wirken viele der Parks schon exotisch. Der **Jardim Botânico de Lisboa** ist ein Arboretum der Bäume und Hölzer Portugals und einigen seiner früheren überseeischen Provinzen. Er liegt hinter hohen Mauern, mitten in der Stadt. Selbstverständlich gibt es hier auch ein gutes Café.

Rua da Escola Politécnica 56–58
ulisboa.pt/patrimonio/jardim-botanico-de-lisboa

Embaixada ist längst kein Geheimtipp mehr, aber in diesem alten Stadtpalast lässt es sich gut verweilen, außerdem führen die Shops viele portugiesische und nachhaltige Labels.

Praça do Príncipe Real 26

Essen

Wir können jeden verstehen, der nach fünf Tagen portugiesischem Essen Lust auf eine Abwechslung bekommt; vor allem für Vegetarier ist es nicht immer leicht, etwas Passendes zu finden. Die Pizzeria **In Bocca al Lupo** bietet nicht nur leckere vegetarische Pizzen, sondern ist auch die erste Biopizzeria der Stadt.

Rua Manuel Bernardes 5
inboccaallupo.pt

Mittlerweile schon eine Institution, aber immer noch ein großartiges und sehr lebendiges Restaurant: **A Cevicheria** bietet peruanisch-portugiesische Fischküche.

Rua Dom Pedro V 129
acevicheria.pt

Abendstimmung im Bairro Alto

Am anderen Ende des Bairro Alto lockt das **Sea Me** mit einer unvergleichlichen Fischauswahl die Gäste. Zudem werden viele Fische auch als Sushi angeboten.

Rua do Loreto 21
peixariamoderna.com

Schlafen

Lissabon ist ein Hospitality-Labor, das Konzept des Wohnzimmerhotels wurde hier erfunden. Auch im **Memmo Príncipe Real** ist nicht die Eingangshalle der Star, sondern ein großer Wohnraum mit bunten Teppichen. Hier wird morgens das Frühstück serviert, abends das Essen und nachmittags springt man davor in den Pool. Das Wohnzimmer ist der temporäre Lebensmittelpunkt für die Hotel-Community.

Rua Dom Pedro V. 56 J
memmohotels.com

Von der Dachterrasse des **Bairro Alto Hotel**, das eher am Rand des Stadtteils liegt, hat man einen fantastischen Blick auf den Fluss. Entsprechend finden sich hier Geschäftsleute aus dem angrenzenden Chiado gern zum Mittagessen ein. Wir mögen das elegante Ambiente, die schön gemachten Zimmer und die unvergleichlich leckeren Kleinigkeiten der Barkarte.

Praça Luís de Camões 2
bairroaltohotel.com

ABENTEUER NORDEN: INTENDENTE

Bekannt geworden ist der Stadtteil durch das legendäre Fischrestaurant Ramiro, in dem sich Anthony Bourdain verzückt über *amêijoas a bulhão pato* und andere Spezialitäten hermachte. Unter Einheimischen galt Intendente lange als runtergerockt und unattraktiv. Inzwischen entwickelt sich die Region im Norden der Innenstadt aber dynamisch. Und der Platz an der gleichnamigen Metro-Station lockt mit Cafés und einem schicken kleinen Laden, der portugiesische Produkte verkauft.

Portugiesisches Design

Entdecken

Der kleine Laden **A Vida Portguesa** lohnt sich für alle, die ihrer Leidenschaft für das Land zu Hause weiter frönen wollen.

Largo do Intendente Pina Manique 23
avidaportuguesa.com

Essen

Muscheln, Garnelen, *carabineiros* oder Hummer – das traditionelle Restaurant **Ramiro** begeistert mit seiner Fischküche nach wie vor. Und es ist auch in der Zeit nach Anthony Bourdain sehr beliebt; unbedingt reservieren.

Avenida Almirante Reis 1H
cervejariaramiro.com

Schlafen

Zwischen der deutschen Botschaft und der Station Intendente liegt das kleine Bed and Breakfast **Outsite Lisbon**. Von den acht Zimmern haben fünf ein eigenes Bad. Gastgeber Sebastião bietet wöchentlich kleinere Veranstaltungen an, zum Thema Wein, zum Vernetzen mit anderen oder um Einblicke in die Stadt zu geben. Ein hübscher kleiner Ort, der sich auch für eine Workation empfiehlt.

Travessa Salgadeiras 4
outsite.co

HAFENCITY: SANTOS-O-VELHO UND CAIS DO SODRÉ

Im vergangenen Jahrhundert hat Lissabon den gleichen Fehler gemacht wie viele Hafenstädte: Die Bereiche am Fluss wurden zu Industriegebieten – Terminals, Bahntrassen und breite Straßen trennten die Stadt vom Wasser. Doch durch den Wandel zur postindustriellen Großstadt, die immer mehr vom Tourismus lebt, ändern sich die Bedürfnisse.

In Santos hat diese Entwicklung einen Kick erhalten, als im Sommer 2014 eine frühere Großmarkthalle als Zentrum einer neuen Erlebnisgastronomie eröffnete: Der Time Out Market ist nicht nur ein Erfolg (vier Millionen Besucher im Jahr 2018), sondern auch Vorbild für andere Metropolen und Gamechanger für den Stadtteil. Santos erobert sich die Waterfront zurück, alte Hallen präsentieren sich im neuen Gewand. Aber auch die dunklen Gassen von einst füllen sich mit buntem Leben, wo traditionelle *pastelarias* und trendige libanesische Restaurants Seite an Seite stehen.

Entdecken

Einer dieser coolen Orte ist das **Javá Rooftop**. Auf der Dachterrasse des schwungvollen Gebäudes an der Praça Dom Luís I versteht sich das Javá als Bar und Restaurant gleichermaßen. Wer hier oben essen will, muss geduldig sein – reserviert am besten schon vor der Anreise nach Lissabon einen Tisch. Oder man geht in die Bar, ordert einige der leckeren Snacks und genießt dabei etwas, was den Gästen des Restaurants leider vorenthalten bleibt: den Blick auf den Fluss. Die Drinks sind super.

Praça Dom Luís I 30
reservation.umai.io/en/widget/Java-Rooftop

Die portugiesische Küche ist sehr fleisch- und fischlastig. Vegetarierin Susanne freut sich jedes Mal, wenn sie ein gutes Restaurant entdeckt, in dem auf tierische Produkte verzichtet wird: Im **O Botanista/Orteá Vegan Collective** bekommt man, was das vegane Herz begehrt – feines, durchdachtes Essen in einem Raum voller Pflanzen.

Rua Dom Luis I 19C
obotanista.eatbu.com

Schlafen

Auf manche Namen muss man erst mal kommen. Die **Lisbon Cheese and Wine Suites** liegen mitten in Santos. Angeblich hat es hier mal einen kleinen Supermarkt gegeben, der auf Wein und Käse spezialisiert war. Schön eingerichtete Zimmer und Apartments mit zum Teil sehr schönen Bädern. Weil einige aber direkt zur großen Straße hinaus gehen: Ohrstöpsel nicht vergessen.

Calçada Marquês Abrantes 40
cheese-wine.com

Tee aus aller Welt in der Companhia Portugueza do Chá

BÜRGERLICHER WESTEN: ESTRELA UND LAPA

Diesen Stadtteil kennt jeder, der schon mal mit der berühmtesten Straßenbahn der Welt gefahren ist: mit der 28E, die zur Basílica da Estrela fährt. Dabei rumpelt sie einmal quer durch die Stadt über zwei Hügel. Estrela ist der einfachere Stadtteil der westlichen Innenstadt und grenzt an das beliebte und belebte Wohnviertel Campo de Ourique.

Zwiegespaltener zeigt sich Lapa: Einerseits ist es großbürgerlich, denn hier befinden sich der Regierungssitz und das Parlament, einige Botschaften, Institutionen und herausragende Museen, wie das Museu Nacional de Arte Antiga. So überrascht es nicht, dass man hier viele aufwendig renovierte Häuser bewundern kann mit herrlichen Wohnungen und zum Teil schönen Gärten, vor denen teure Autos stehen. Andererseits präsentiert sich nur zwei Nebenstraßen weiter ein ganz anderes Bild. Zwar geht auch hier der Blick aus manchem Haus in den steilen und engen Straßen weit über den glitzernden Fluss, auf die Statue des Christo Rei und die Brücke des 25. April, und doch säumen auch einige Ruinen die schmalen Gehwege.

Entdecken

Die Portugiesen haben von ihren Entdeckungsfahrten nicht nur Gewürze mitgebracht, sondern auch Tee. Die **Companhia Portugueza do Chá** zelebriert diese lange Tradition und bietet neben Teesorten aus aller Welt auch Tee von den Azoren an – den Chá Gorreana.

Rua do Poço dos Negros 105
companhiaportuguezadocha.com

Im **Museu National de Arte Antiga** (MNAA) hängen einige der bedeutendsten portugiesischen Kunstwerke, unter anderem die Painéis de São Vicente de Fora, die als ältestes Gruppengemälde der Welt die portugiesische Gesellschaft des 15. Jahrhunderts illustrieren. Auch ein Triptychon von Hieronymus Bosch lässt sich hier bewundern.

Rua das Janelas Verdes
museudearteantiga.pt

Essen

Eine kulinarische Reise bietet das **Restaurante Geographia**. *Comida que fala português* heißt es auf der Karte: „Essen, das portugiesisch spricht". Alle Gerichte auf der Karte sind von den Ländern inspiriert, in die es die portugiesischen Seefahrer einst verschlug. Küchenchef Antonió stammt aus Mosambik und kreiert eine schmackhafte Fusion-Küche – wie das Gemüsecurry inspiriert durch die Küche Goas oder den Reistopf mit Austernsauce aus Macau.

Rua do Conde 1
restaurantegeographia.pt

Schlafen

Zimt – das ist der für immer bleibende Eindruck, den dieses wunderbare Hotel bei uns hinterlassen hat. Denn als wir das kleine Stadthaus in der Rua de São Félix betreten, in dem sich das Bed and Breakfast **The Felix** befindet, duftet es intensiv nach dem Gewürz. Vier ineinander verschachtelte Etagen, wahnsinnig schön gemachte Zimmer mit großen schwarzen Bädern, eine Dachterrasse mit Blick auf den Fluss und ein kleiner pátio, in dem Gastgeber Luís – der übrigens eine beeindruckende Spielzeugsammlung hat – in mehreren Gängen ein sensationelles Frühstück serviert.

Rua de São Félix 10
thefelix10.com

Essen als Reise im Restaurante Geographia

DAS DORF DER TÖRTCHEN: BELÉM

Als das Centro Cultural de Belém eröffnet wurde, waren die *lisboetas* erst einmal empört: Das Gebäude war nicht nur viel zu groß, es verdeckte auch fast das Mosteiro dos Jerónimos! Zum Glück wurden nur drei der fünf geplanten Gebäude errichtet, wer weiß, ob es nicht sonst zu ernsthaften Protesten gekommen wäre. Neben den historischen Sehenswürdigkeiten, die es in diesem Teil der Stadt zu sehen gibt – dem Torre de Belém und dem Hafen Restelo, von dem aus viele der portugiesischen Seefahrer in See stachen –, entstanden hier in jüngster Zeit einige interessante Museen: das Kutschenmuseum, das Elektrizitätsmuseum und das MAAT. Für viele ist Belém allerdings vor allem eine Reise wert, um der *confeitaria* Pastéis de Belém einen Besuch abzustatten.

Entdecken

Das Konzept ist spannend: Das **Museu de Arte, Arquitetura e Technologia** (MAAT) will den Wandel der Moderne darstellen. Das Museum wird von einer Stiftung des portugiesischen Energieversorgers EDP finanziert. Die Lage direkt am Fluss ist toll, die organische Architektur, die das neue Gebäude mit einer Fabrikhalle aus den Gründerjahren verbindet, fasziniert und es gibt ein sehr schönes Museumscafé.

Avenida Brasília
maat.pt

Essen

Von der **Estação Fluvial de Belém** fährt die Fähre auf die andere Seite des Tejo zum kleinen Hafen Porto Brandão und weiter nach Trafaria. Entlang der Hauptstraße von Brandão gibt es einige Restaurants mit nettem Blick auf die Stadt – eine gute Alternative zu Cacilhas, wo die Restaurants am Fluss mit Blick auf die Stadt oft überlaufen sind.

Hier also haben die leckeren Törtchen ihren Siegeszug in die Welt begonnen – in der gleichnamigen Bäckerei **Pastéis de Belém**. Im Jugendstilcafé mit der blauen Theke und den schönen Azulejos kann man auch eine *bica* trinken, die nicht teurer ist als in der Stadt. An Wochenenden muss man Geduld haben, dann stehen die Kunden in langer Reihe vor der Ladentür.

Rua de Belém 84–92
pasteisdebelem.pt

VOR DER WELLE: ALCÂNTARA

Je weiter man nach Westen kommt, desto mehr scheint man abseits der Modernisierungswelle zu surfen, die Lissabon nachhaltig verändert. Im Westen scheint die Stadt noch authentischer. Dabei hat es in Alcântara schon in den 1960er-Jahren erste Ansätze für einen Strukturwandel gegeben. Doch der Bau der Autobahn mit seiner weithin sichtbaren Brücke des 25. April hat der Stadt zwar ein Wahrzeichen beschert, den Westen aber auch zerrissen. Wir mögen den Bereich zwischen Yachthafen und Lx Factory. Hier tut sich was.

Erleben

Restaurants, Bars, Shops, Gallerien, Ateliers – die **Lx Factory** entstand auf dem Gelände einer 1846 gegründeten Textilfabrik. Das 23.000 Quadratmeter große Gelände blieb der Öffentlichkeit lange unzugänglich, bis hier die Lx Factory entstand. Es ist ein beeindruckender Komplex mit großen Backsteingebäuden unter der futuristisch wirkenden Autobahnauffahrt zur Brücke. Wir empfehlen das Essen im brasilianischen Borogodo und das Beer's mit seiner verblüffenden Auswahl.

Rua Rodrigues de Faria 103
lxfactory.com

Zu den wohl bekanntesten Künstlerinnen der Stadt zählt **Joana Vasconcelos.** Ihre Arbeiten waren zuletzt auf der Venedig Biennale zu sehen, im Guggenheim Bilbao und im Palazzo Grassi in Venedig. Das Atelier öffnet für Gruppenführungen.

Edifício Gonçalves Zarco, Doca de Alcântara
joanavasconcelos.com

QUIOSQUES

Die Kultur des Verweilens

„Kiosk“ - wenn wir Deutschen das Wort hören, denken wir an Buden im Ruhrgebiet oder in Berlin mit eigenwilligen Öffnungszeiten. Man bekommt Süßkram, Bier, Schnaps, in manchen kann man einkaufen. All das ist der portugiesische Namensvetter nicht.

Das Wort stammt vom persischen *kūšk* und bedeutet „Pavillon“. Viele *quiosques* sind eher frei stehende Gartenhäuschen, an die man von allen Seiten herantreten kann. Sie sind oft grün und umgeben von ebenfalls grünen Metallstühlen und -tischen. Die *quiosques* von Lissabon sind *pastelaria*, Imbiss, Café und Bar in einem. Man bekommt ein kleines Frühstück, eine *tosta* am Mittag, einen Kuchen am Nachmittag und ein erstes kaltes Bier am Abend. Es folgen unsere Favoriten.

Unter ausladenden Bäumen bietet der *quiosque* **Esplanada da Graça** am Miradouro da Graça einen eindrucksvollen Panoramablick auf Castelo, Baixa, Brücke, in der Ferne Cristo Rei. Der *amarguinha* schmeckt, alle 15 Minuten ertönt die Glocke. Einer der schönsten Plätze der Stadt.

Largo da Graça

Der **Quiosque Popular** im Jardim da Cerca da Graça, einem hübschen Park in terrassierter, zum Teil steiler Hanglage, liegt zwischen Kinderspielplatz und Hundeauslaufzone. Der Blick geht auf blassrot ausgeblichene und leuchtend orange neugedeckte Dächer.

Calçada do Monte 46

Eigentlich heißt er Jardim Botto Machado, doch die Einheimischen nennen den Park am Flohmarkt Feira da Ladra schlicht Parque Santa Clara. Der versteckt liegende *quiosque* heißt **Clara Clara Café**. Angeblich hieß die erste Pächterin im Clara-Park ebenfalls Clara.

Jardim Botto Machado

Es gibt ein Nebeneinander von Flagship-Store und *quiosque*. Rund um einen barocken Brunnen erheben sich die Bäume des Largo do Carmo. Der kleine Platz liegt etwa 250 Meter entfernt von der Praça do Rossio. Der **Quiosque do Carmo** ist abends so gut besucht wie ein Biergarten.

Largo do Carmo 1

Unter einem alten Baum, der an mehreren Stellen gestützt werden muss, findet man den wundervoll traditionellen **Quiosque Príncipe Real**. Es gibt kleine Snacks und grandiose Säfte, allerdings zu Preisen, die die Nähe zum Bairro Alto nicht verhehlen.

Praça do Príncipe Real

Wir mögen den Jardim da Estrela mit seinen zwei Ententeichen und dem Musikpavillon – in dem wir schon mehrfach einen Flohmarkt erleben durften, noch nie aber eine Musikveranstaltung. Im **Bananacafe** wird die *tosta* mit dem leckeren rustikalen Brot aus dem Alentejo zubereitet.

Jardim da Estrela

Ganz in der Nähe der teuren Cafés rund um die Praça do Comércio wartet der direkt am Wasser gelegene **Quiosque Ribeira das Naus** auf Gäste – mit Lounge-Liegen, an den Wochenenden legt ein DJ auf.

Avenida Ribeira das Naus 5

Unweit der Bahnstation gibt es eine kleine, begrünte Verkehrsinsel. Man kann das wirklich nicht Park nennen. In der Mitte steht der sehr nette **Quiosque Cais do Sodré**. Ohne DJ, dafür auch etwas günstiger.

Jardim de Roque Gameiro

Der Jardim Dom Luis grenzt an den Time Out Market. Der Park ist beliebt, vor allem bei Müttern, die sich mit Familie und Freunden in der Halle zum Essen verabredet haben und deren Kinder jetzt dringend Auslauf brauchen. Sehr schön liegt hier der **Quiosque do Cais**.

Praça Dom Luís I

Der **Quiosque do Adamastor** hat eine bemerkenswerte Nachbarschaft: eines der teuersten Fünfsternehotels der Stadt (Verride Palácio de Santa Catarina) und eines der angesagten Restaurants (Pharmacia). Der Blick über den Fluss ist wunderbar.

Rua de Santa Catarina

Auf dem Weg nach Westen häufen sich die Industrieanlagen, Docks, Verwaltungshochhäuser und Museen. Direkt am Nationalmuseum für alte Kunst (MNAA) liegt der kleine Garten des 9. April mit seinem hübschen *miradouro*. Das **Le Chat** dient hier als *quiosque*-Ersatz.

Jardim 9 de Abril

SPEZIALITÄTEN

Brotsuppe, Stockfisch & Eigelb

Die Portugiesen legen viel Wert auf gutes Essen, kochen aber nicht für Auszeichnungen. Ein Segen für alle, die unvoreingenommen auf kulinarische Reise gehen wollen. Es gibt viel zu entdecken!

„Brot, Knoblauch, Olivenöl, Kräuter, Wasser", sagt Thorsten Gillert, das sind die Zutaten der *açorda*. Die Brotsuppe ist ein typisches Gericht aus dem Alentejo und wurde im viel gelobten Tombalobos in Portalegre serviert. Thorsten, mit seinem Hamburger Restaurant *Der Erdbeerfressende Drache* selbst einer der innovativsten Köche Deutschlands, liebt die portugiesische Küche.

„Gewürzt wird die Açorda mit Koriander und *poejo*, Polei-Minze. Das war schon gut." Ursprünglich war die portugiesische Alltagsküche vor allem Eines: arm. Manchen Gerichten ist das auch anzusehen. Migas ist ein würziger Brotbrei, Torresmo schlicht Schweinefett, das in einer Art Mehlschwitze gebraten wird, und die farinheira eine Wurst aus Mehl, Pfefferpaste, Gewürzen und Schweinefett. Die Festtagsgerichte hingegen sind üppig, etwa Schweinefleisch mit Muscheln – *carne de porco à alentejana.*

„Verblüffend ist, dass es oft keine äußeren Hinweise auf die Qualität eines Restaurants gibt", sagt Thorsten. Die sensationelle *açorda* hat er in Portalegre gegessen. Jemand habe mal von der Alma Nomada Food Experience geschwärmt, einem Restaurant auf einem Campingplatz, das hervorragend gewesen sei. „Das ist der Reiz der Küche Portugals: Hier kann man noch Entdeckungen machen."

Empfehlungen

Tombalobos

Rua 19 de Junho 2, Portalegre
tombalobos.pt

Zunzum Gastrobar

Avenida Infante Dom Henrique, Lissabon
zunzum.pt

Alma Nomada Food Experience

Costa do Vizir Camping, Monte Branco, Porto Covo
almanomada.pt

STOCKFISCH

Am Stockfisch scheiden sich die Geister. Die Portugiesen lieben *bacalhau* und stehen dafür auch mal Schlange. Nicht-Einheimische finden den getrockneten und gesalzenen Kabeljau – nun ja – herausfordernd. Dirk hat Jahre gebraucht, inzwischen isst er den „soften" *bacalhau com natas* – einen Auflauf mit Kartoffeln, Sahne und Bechamel.

365-mal *bacalhau*

Man sagt, es gebe so viele *bacalhau*-Rezepte, wie das Jahr Tage hat. Herb und salzig ist der **bacalhau grelhado** vom Grill. Mit Ei wird der **bacalhau à Brás** in der Pfanne gebraten, der **bacalhau à Gomes de Sá** gart in Milch. Aus dem Ofen kommt der **bacalhau à Zé de Pipo** mit Mayonnaisenkruste, dazu gibt es Augenbohnen.

In Portugal gilt es, ein Rezept möglichst „originalgetreu" zuzubereiten. So streitet man gern, ob im **bacalhau assado com pão de centeio** statt Roggenbrot auch Landbrot verwendet werden darf. Oder ob **bacalhau à João do Buraco** statt mit Herzmuscheln auch mit Miesmuscheln geht. Susannes Favorit? Der mit Karotten, Zwiebeln und Käse zubereitete **bacalhau espiritual**.

Serra de Montejunto
Carregado
Ericeira
Mafra
Estuário do Tejo
Parque Natural de Sintra-Cascais
Sintra
Cabo da Roca
Amadora
Lissabon
Estoril
Cais do Sodré
Cascais
Carcavelos
Tejo
Almada
Setúbal
Estuário do Sado
Serra da Arrábida
Praia do Meco
Sesimbra
Cabo Espichel
0
5
10
15
Kilometer

RUND UM LISSABON

Fernliebe

Manche sagen, das schönste an Lissabon sei gar nicht, in der Stadt selbst zu sein – sondern auf sie zu schauen. Mag sein, dass das auch viel über die immer ein wenig selbstverliebten *lisboetas* aussagt. Aber: Wir wechseln die Perspektive.

In den Nordwesten Lissabons ist wohl jeder Liebhaber der portugiesischen Hauptstadt schon einmal rausgefahren. Es gibt diverse Möglichkeiten: Wir empfehlen unbedingt, die Badesachen einzupacken und mit der Stadtbahn vom Cais do Sodré aus Richtung Estoril und weiter nach Cascais zu fahren. Ab Carcavelos kann man eigentlich an jeder Station aussteigen, die Strände hier sind traumschön.

Weiter im Norden liegen Sintra, die Stadt, in die sich der Adel einst zurückzog, um der Hitze Lissabons zu entfliehen, Mafra und Ericeira, heute ein Surferparadies und bei Susannes Mutter nachhaltig als Nebelloch verschrien. Mit dem Mietwagen sind all diese Orte in rund 30 bis 60 Minuten gut erreichbar. Mit öffentlichen Verkehrsmitteln sollte man viel Zeit einplanen.

Sintra ist auf jeden Fall einen Tagesausflug wert. Der Palácio Nacional da Pena erinnert an Schloss Neuschwanstein und der zauberhaft schöne Park drumherum an den Wald von Buçaco. Man kann heute lange darüber streiten, wie man es bewertet, dass einst der Adel einen Großteil des Bruttosozialprodukts in sein Vergnügen steckte. Oder man freut sich darüber, dass solche Orte inzwischen öffentlich zugänglich sind. Wir sind da pragmatisch. Weil es uns rund um Sintra allerdings zu touristisch ist, haben wir die Region im Süden Lissabons für uns entdeckt: die ewig lange Praia do Meco, das sturmumtoste Cabo Espichel, den Ferienort Sesimbra, die wildromantische Serra da Arrábida und Setúbal, die Stadt des wunderbaren Moscatel.

Villa Epicurea

SETÚBAL-HALBINSEL

Zauberland

Wie genau dieser Flecken Erde heißt, ist nicht leicht zu sagen: Setúbal-Halbinsel, Serra da Arrábida, Pinhal da Mesquita oder Cabeço da Azóia? Egal, denn die Felsenküste rund um das Cabo Espichel mit ihren Klippen, Schirmpinienwäldern und Sandbuchten hat einen besonderen Zauber.

Wenn wir jetzt von dem schönen Nudistenstrand der Praia do Meco schwärmen, wird man uns hoffentlich nicht für allzu seltsam halten. Sei's drum: Dieser Ort ist es wert. Und da der Strand eine Länge von mehreren Kilometern hat, ist es den meist wenigen Besuchern, die hier liegen, ohnehin egal, ob man Badebekleidung trägt oder nicht. Angesichts des oft kräftig vom Atlantik wehenden Windes macht es außerdem wenig Sinn, allzu dogmatisch zu sein. Und mit diesem letzten Gedanken dazu, kehren wir zurück zur Eingangsbemerkung: Dieser Strand ist ein verdammt schöner Ort.

Die Kapelle „Ermida da Memória" am Cabo Espichel

Zum ersten Mal sind wir hier auf einer Autofahrt hängen geblieben. Irgendwann abends, wir wollten was essen, träumten von einer Pinte am Strand und bogen von der Landstraße ab, auf der wir uns befanden, dem Schild mit der Aufschrift „Praia" folgend. Und plötzlich standen wir auf einem Parkplatz mit direktem Zugang zum Strand und zwei Restaurants. Wir entschieden uns intuitiv für das linke. Es kam uns ein wenig laut vor, so wie man das von Restaurants kennt, die viele Stammgäste haben. Die sind oft laut. Und man weiß eigentlich selbst nicht so recht, was einen daran stört – dass sie laut sind oder dass man nicht dazu gehört?

Die Bar do Peixe ist eine Holzbude mit schlichten Tischen und einfacher Deko. Es gibt eine überdachte Terrasse, eine offene Terrasse und einen Bereich, in dem einfach Stühle im Sand stehen. Die Atmosphäre ist besonders, das Essen ist grandios. Und als wir im Herbst 2021 erfahren haben, dass die Bar de Peixe abgebrannt ist, waren wir zutiefst betroffen. Es war eine super Nachricht als es hieß, der Betrieb werde bald wieder aufgenommen.

Der schönste Strand, die beste Strandpinte. Was kann ein solcher Ort noch bieten? Den schönsten Pinienwald! Mächtige Schirmpinien säumen die Steilufer und Klippen, ziehen sich weit ins Land. Das Gebiet steht unter strengstem Naturschutz. Keine Straßen führen direkt hindurch, nur Schotterpisten. Aktuell darf man hier kaum bis gar nicht bauen. Und wer es trotzdem tut, wird eine Ruine hinterlassen. Einige davon gibt es hier. Wenn man dann am sturmumtosten Cabo Espichel steht, in der kleinen Klosteranlage am Ende der Welt, 70 Meter unter einem rauscht das Meer, in der Ferne gehen abends die Lichter der Linha de Cascais an, spürt man die Magie dieses Ortes.

Essen

Der Fisch immer frisch, der Service aufmerksam – die **Bar do Peixe** am Strand von Meco ist ein großartiges Restaurant. Nach einem Brand musste das Team für zwei Jahre umziehen. Jetzt sind sie zurück am vertrauten Ort und so gut wie zuvor. Der Robalo zergeht auf der Zunge, der Alvarinho passt und dazu der Blick auf das Meer. Hach...

Praia do Meco (Moinho de Baixo)
facebook.com/bardopeixemeco

Aldeia do Meco ist quasi der Hauptort der Region – und nichts weiter als ein Dorf. Es wird schlicht Meco genannt. Hier gibt es ein paar Geschäfte, einige Cafés, ein paar Restaurants. Unser Lieblingsort für einen Snack oder einen Drink am Abend ist das **Mundial**. Man sitzt unter einer großen Pinie, in der Laternen leuchten, und genießt das einfache, aber immer frisch zubereitete Essen.

Rua do Comércio 1D

Übernachten

Es gibt nur wenige Unterkünfte im Schirmpinienwald von Meco. Die **Casal do Frade** ist eine der ältesten. Ein hübsches Haupthaus, einige Nebengebäude, Tennisplatz, Pool, und das alles auf einem zauberhaften Grundstück von mehr als 50 Hektar. Die Zimmer sind ein wenig in die Jahre gekommen. Aber, hey, wen interessiert das hier schon?

Rua do Casalinho, Sesimbra
casaldofrade.pt

Casal do Frade

Bar do Peixe

Auf den ersten Blick wirken die drei grauen Boxen etwas – nun ja – technisch. Dann empfangen uns überraschend schön eingerichtete Zimmer mit hohen Decken und bodentiefen Fenstern. Der Blick geht weit auf den großen Garten und den glitzernden Pool. Die Herzlichkeit der Gastgeber, das leckere, selbst gepflückte Obst und die Nähe zu Meco und Sesimbra machen die **Zambujal Suites** zu einem idealen kleinen Rückzugsort auf der Setúbal-Halbinsel.

EN 377, km 38. Alto do Marquês
instagram.com/zambujal.suites

Eine Brasilianerin und ein Russe, eine große Liebe für Portugal und die Verheißung des goldenen Visums, das der Staat denen gewährte, die in das Land investierten. Die **Villa Epicurea** bietet drei Hotelzimmer, zwei kleine, sehr einfache Bungalows und eine wunderbare Lage mitten im Wald. Und mit Norberto einen unheimlich herzlichen Gastgeber.

Rua do Casalinho 5A, Fetais
villaepicurea.com

Entdecken

Azóia ist eher eine lange Straße, die links und rechts von Häusern gesäumt wird, als ein Ort. Ganz am Ende der Straße warten eine Steilküste und der Atlantik. Trotzig stemmt sich hier die kleine Ermida da Mémoria gegen den Wind. Die Einsiedelei ist der Vorposten einer Anlage, die erst Festung war, dann Pilgerstätte und jetzt als Denkmal einen Einblick gewährt in den Alltag der Pilger. Bis zu 70 Meter erheben sich die Klippen mit dem **Santuário de Nossa Senhora do Cabo Espichel** über den Atlantik. Man kann einige der verfallenen Wohnkammern besichtigen, eine Kapelle, und es gibt ein kleines Café. Der Mandelkuchen ist sehr lecker.

Entlang der Küste führen einige **Wanderrouten**, die immer wieder spektakuläre Ausblicke bieten. Wir mögen besonders den Weg rund um den Arco da Pombeira – eine natürliche Brücke, die zwei Felsen über dem Meer verbindet. Tolle Ausblicke, einsame Strände und Spuren von Dinosauriern kann man hier finden – und, man kann es nicht oft genug sagen, einen der schönsten Schirmpinienwälder Europas.

alltrails.com
natural.pt

Das ehemalige Franziskanerkloster **Convento de Nossa Senhora da Arrábida** aus dem 16. Jahrhundert liegt pittoresk mitten in dieser waldreichen, wilden Hügellandschaft und bietet einen spektakulären Blick auf die Bucht mit ihrer zauberhaften Praia de Alpertucho. Das Konvent ist nur nach vorheriger Anmeldung besuchbar.

Rua São Lourenço
foriente.pt

Azeitão

KULINARISCHES KLEINOD

Der kleine Ort Azeitão liegt in einem fruchtbaren Tal und hat als kulinarische Hochburg der Region viel zu bieten: zwei berühmte Weingüter – José Maria da Fonseca und Quinta da Bacalhôa –, ein mehrfach ausgezeichnetes Olivenöl, eine berühmte Manufaktur für Azulejos und einen wahnsinnig würzigen Käse, der schlicht *azeitão* genannt wird und das Aroma des Landstrichs umschließt. Zwar soll ein Schäfer aus der Serra da Estrela das Rezept für den weichen Käse, den man aus der Rinde herauslöffelt, mitgebracht haben, doch das tut dem Geschmackserlebnis keinen Abbruch – ein würzig-cremiger, manchmal fast scharfer Genuss.

Auch der Moscatel soll zum ersten Mal in Azeitão gekeltert worden sein. Als Moscatel de Setúbal reift er in großen Eichenfässern in den Kellern des Weinguts José Maria da Fonseca, das das Zentrum des Ortes dominiert. Der Likörwein hat etwa 16 Volumenprozent Alkohol, schmeckt mal süß-würzig, mal herb-lakritzig und hat einen ganz eigenen Duft. Wer abends in einem der hiesigen Restaurants isst, wird immer gefragt, ob es zum Abschluss noch ein Moscatel sein darf. Spätestens dann möchte man mit den Menschen am Nachbartisch anstoßen.

Schon immer war die Region ein Rückzugsort der *lisboetas*. Viele besitzen hier eine kleine *quinta*, in der man sich vom Stadtleben erholen kann. Abends trifft man sich, sammelt zum Abendessen die kleinen gelben Schnecken von den Feldern und trinkt dazu Sagres aus Einliterflaschen. Oder man sitzt in einem der Restaurants im kleinen, klassizistisch wirkenden Ort.

Essen

In dem Café **Casa Negrito** kann man nicht nur die köstlichen kleinen Backwaren der Region probieren, sondern bekommt auch ein Brot mit dem Käse aus Azeitão.

Rua José Augusto Coelho 26

Der Name verwirrt – die **Casa das Tortas** hat nämlich nicht nur Kuchen. Wer den seitlichen Eingang wählt, gelangt in den hübschen Garten. Man sitzt ganz wunderbar unter alten Bäumen, auf dem großen Grill brutzelt das Abendessen und man stößt mit einem kalten Moscatel auf das Leben an.

Praça da República 37A

Praia do Portinho da Arrábida

Die schönsten Strände rund um Lissabon

Rund um Lissabon lässt sich die Beach-Kultur Portugals in all ihren Facetten erleben: Familien verlegen quasi das Esszimmer mit Klappstühlen und Kühltaschen an den Strand, Surfer:innen zeigen Tattoos und Sixpacks, Snaps und Aerials. Kinder kreischen begeistert, und das Rauschen des Atlantiks übertönt nur knapp das Tik-Tok der Beachtennisspieler.

CABO DA ROCA

Der westlichste Punkt Europas, so möchte man meinen, muss ein sturmumtoster Fels im Atlantik sein. Und genauso ist es: ein Leuchtturm, eine Informationstafel und eine Weite, die von der Sehnsucht der Seefahrer früherer Generationen erzählt.

Praia da Ursa
Der Strand liegt unweit des westlichsten Punkts Europas und ist nur zu Fuß erreichbar. Der beschwerliche Weg wird mit einem 100 Meter langen goldenen Strand zwischen eindrücklichen Felsformationen belohnt. Die Sonnenuntergänge sind besonders.

GUINCHO

Ein Naturschutzgebiet zwischen Cascais und Sintra, die Auftaktszene eines vergessenen James-Bond-Films und an manchen Abenden Party-People aus der gar nicht so fernen Hauptstadt – für all das steht dieser mitunter wahrlich entlegen wirkende Ort.

Praia do Guincho
Nahe des berühmten Strandes gibt es einen wundervollen Zeltplatz unter knorrigen Kiefern, tolle Dünen und einen schönen weitläufigen Strand. Die Atmosphäre ist herrlich entspannt.

COSTA DE LISBOA

Cascais / Monte Estoril
Wir lieben es, mit dem Vorortzug nach São João do Estoril zu fahren – dann laufen wir runter an die Promenade und sind in einer anderen Welt: Der Atlantik umspielt Felsen, rauscht über den Sand, Frauen und Männer aller Altersgruppen und Kleidungsstile genießen den Zauber des Moments. Und wir erkunden nicht nur mehr als ein Dutzend Stadtstrände, sondern einen Lifestyle.

Praia da Azarujinha
Kaum 10 bis 15 Meter misst der zwischen Felsen flach abfallende Strand, links schroffe Klippen, rechts eine große Badeterrasse. Die Strömung kann recht kräftig sein.

Praia do Tamariz
Auf der einen Seite ein Meeresbecken, in dem sich das Wasser des Atlantiks sammelt, sodass man auch an kälteren Tagen ein Bad nehmen kann. Auf der anderen Seite ein weiterer Strand mit Bars und Pinten.

Praia do Pescoço do Cavalo
Dieser Strand ist nur ein Streifen Sand vor der Kaimauer, die das Festland vor dem Atlantik schützt. Es sitzt sich hier auch an kalten Tagen schön, weil der Fels die Wärme des Tages speichert. Direkt dahinter liegt das Bolina Restaurante. Hier kann man zum kalten Bier einen ganz vorzüglichen *robalo* essen.

Praia da Ribeira de Cascais
In Cascais ist Endstation. Vor dem Bahnhof ein großer Sandstrand. Wir mögen die kleine Bucht ganz am Ende. Aber wir legen unsere Handtücher immer nur aus, wenn wir bereit sind für Trubel und Action. Denn hier lernt man zusammenzurücken.

COSTA DA CAPARICA

In den 1970er-Jahren hat man für den Bauboom in Lissabon an den stadtnahen Stränden den Sand abgetragen. Zum Glück blieb genug für dieses wunderbare Strandensemble, und noch glücklicher darf man darüber sein, dass das Baumaterial woanders eingesetzt wurde und nicht alle 70er-Fantasien an diesem Strand verwirklicht wurden.

An der Costa da Caparica – zwischen Cova do Vapor und der Lagoa de Albufeira – gibt es etwa 30 Strände. An Wochentagen außerhalb der Ferien ist hier wenig los, an den Sommerwochenenden wird es voll. Nahe der Hauptstadt geht es dabei zu wie auf der Teenager-Wiese am Baggersee, je weiter man sich Richtung Meco bewegt, desto entspannter wird es. Die Strände sind aber alle auf ihre ganz eigene Weise großartig. Einige wollen wir hier vorstellen.

Praia de São João
Der nördlichste Teil liegt fast ein wenig versteckt hinter Dünen. Die Parkplätze sind limitiert. Wer früh oder spät kommt, kann diesen Strand genießen, sonst ist es schwer einen Platz zu finden.

Praia de Santo António
Die großen Strandbäder sind gut mit dem Auto oder dem Linienbus zu erreichen. Anders gesagt: Hier wird es voll. Wir empfehlen unbedingt, einen Tag hier zu verbringen – und das Schauspiel des portugiesischen Strandlebens zu beobachten: Handtücher auslegen, Schirm einstechen, Stühle und Kühlbox aufstellen, Pappteller verteilen, essen. Danach ein Nickerchen ...

Praia da Cabana do Pescador
Eine Schotterstraße, ein improvisiert wirkender Parkplatz, ein Strandabschnitt mit Restaurant, Liegen und Sonnenschirme zum Ausleihen, aber auch freie Flächen für das mitgebrachte Handtuch. Alle paar Meter der nächste Abschnitt – Praia da Princesa, Praia do Rei, Praia do Infante ...

MECO

Der kleine Ferienort am Rande der Serra da Arrábida hat sich in den vergangenen Jahren zu einem beliebten Ziel vor allem für Touristen aus Frankreich entwickelt.

Praia do Meco
Der schönste Nudistenstrand – und in der Ferne sieht man das von Gischt umwehte Cabo Espichel. Abends geht der Blick hinüber nach Lissabon: Wenn die Lichter der Linha de Cascais angehen, hat diese Aussicht einen besonderen Zauber. Großartig ist das Essen in der Bar do Peixe direkt am Strand: frischer Fisch, erlesene Weine und eine tolle Auswahl an Moscatel.

Praia do Meco

Praia da Foz
Der verwunschene kleine Strand hinter dem Pinienwald bietet das totale Kontrastprogramm zur Costa da Caparica.

SESIMBRA

Die größte Community von Brasilianern in Portugal lebt im ehemaligen Fischerort Sesimbra am Golf von Setúbal. Wenn hier im Februar am Faschingssonntag mehr als 2.000 Teilnehmer den Karneval feiern, kommt gefühlt halb Lissabon. Aber auch so ist die hübsch gelegene Stadt mit der

imposanten Burg einen Besuch wert. Einige Bausünden zieren den Hang, aber die Altstadt ist pittoresk und es gibt ein paar gute Bars und Restaurants.

Praia da Califórnia
Goldgelber Sand, eine hübsche, von Palmen gesäumte Promenade. In der Hauptsaison wird es voll, Sesimbra ist bei den Portugiesen sehr beliebt. Aber in der Nebensaison sind die beiden Stadtstrände – den etwas geschützteren Praia Ouro finden wir nicht ganz so schön – ein tolles Ausflugsziel.

Praia do Portinho da Arrábida
Einer der beliebtesten Strände der Region bietet Mittelmeerfeeling in Portugal: gestaffelte Berge, steile Felsen, Pinienbäume ragen bis in die Buchten, feiner Sandstrand – das findet sich so in Portugal eher selten. Es empfiehlt sich, entweder sehr früh zu kommen oder das Auto auf einem der großen Parkplätze stehen lassen und den Shuttlebus zu nehmen.

Praia dos Galapinhos
Wenn wir Freunde von der Vielfalt dieser Region überzeugen wollen, nehmen wir sie mit an diesen Strand, der fast Südseefeeling vermittelt: kleine Buchten, fantastischer Sand, große Felsen am Strand, Felsinseln im Wasser. Das Wasser klar, sauber und erfrischend!

Abendstimmung vor der Igreja de Santo Antão an der Praça do Geraldo in Évora

„Niemand weiß, ob der Wind
den Mond mitzieht oder ob der Mond
einen Wind im Dunkeln mit sich reißt.“

HERBERTO HELDER

ALENTEJO

Mönche, Musik und die Wege der Fischer

Eine Reise in den Alentejo kann in das heiße Hinterland führen, wo an der Grenze zu Spanien der größte Stausee Europas liegt und in einem Dorf das größte Musikfest Portugals stattfindet. Wir erkunden die Weltkulturerbestadt Évora auf den Spuren eines Gitarristen und zwischen Korkeichen das portugiesische Stonehenge. Wir wandern auf einem wildromantischen Küstentrail und erleben Estremoz ganz familiär.

ÉVORA

Seine Bühne ist die Stadt

Zé mit seiner Cigar-Box-Guitar in der Sociedade Harmonia Eborense

Zé verehrt Frank Zappa und die Jazzcore-Band Panzerballett. Er spielt in den Straßen Évoras. Wir folgen dem virtuosen Gitarristen durch die Stadt mit dem römischen Diana-Tempel, deren Zentrum seit 1986 zum Weltkulturerbe der UNESCO gehört.

Jetzt lässt er den Mittelfinger der linken Hand über einen Bund gleiten und zupft mit den Fingern der rechten mehrere Seiten an. Eine Folge zarter Plings beendet sein virtuoses Spiel. Zé blickt auf. Einige Zuhörer klatschen, andere werfen mit stummem Respekt Münzen in den Gitarrenkoffer.

Zé weiß, dass ihm das Stück gelungen ist. Als Musiker, so sagt er, hast du das im Gefühl. Dabei ist es nicht wichtig, wie andere es einschätzen. Man spielt zuerst für sich. Und so hat sie auch angefangen – seine Karriere als Straßenmusiker in Évora.

„Ich ging mit meiner Gitarre in den Park, um zu üben. Bald umstanden mich viele Leute", sagt Zé. Da wusste er, dass er etwas für sich entdeckt hatte: das Spiel für das schwierigste Publikum überhaupt – die Menschen auf der Straße.

2008 kam José Pinho – genannt Zé Peps oder Zé – nach Évora. „Ich bin ein guter Gitarrist." Er spielt seit Jahrzehnten, übt täglich mehrere Stunden. Doch seine Leidenschaft gehört einer Musikrichtung, die nie mehrheitsfähig war: Freejazz, Jazzcore, Avantgarde-Jazz – eine höchst virtuose Stilrichtung und nicht leicht zugänglich. Es gebe Parallelen zwischen ihm und Don Quichote. „Die Windmühlen – das ist der Ruhm."

„Ich gebe Gitarrenunterricht und bin involviert in diverse Kulturprojekte", sagt Zé. Er spielt nicht aus wirtschaftlichen Gründen auf der Straße. Aber es ist gutes Geld. Die Corona-Krise traf ihn hart: keine Tourneen, und ohne Album wird man von Streaming-Diensten nicht gespielt. „Als Musiker aus Portugal hast du es im amerikanisierten Musik-Business eh schwer", sagt Zé.

Sogar die Freiheit auf der Straße erhielt einen Dämpfer. Inzwischen darf er wieder spielen und die Passanten dürfen auch wieder stehen bleiben. Allerdings ist es noch verdammt ruhig in Évora. Und so folgen wir dem Gitarristen durch seinen Playground, wohl wissend, dass das wichtigste noch fehlt – das Publikum. Zé packt den Verstärker, ein Brett mit Pedalen und zwei Gitarren auf einen kleinen Wagen. Auf geht's.

1. JARDIM PÚBLICO DE ÉVORA

Die kubistische Skulptur eines Saxofonisten, die Pseudo-Ruinen eines manuelinischen Palastes - Zé holt seine Cigar-Box-Guitar hervor und schließt sie an den mobilen Verstärker an. Am *quiosque* bleiben ein paar Spaziergänger stehen und sehen ihm zu. „Ich mag die Atmosphäre hier."

2. PRAÇA DO GIRALDO

Zé zieht sein Equipment eine der steilen Gassen hinauf und baut es an seiner Lieblingsstelle auf, wo die Rua Cinco de Outubro auf die Praça do Giraldo mündet. Er spielt einen wilden Zappa-Riff. In einem der Häuser öffnet sich ein Fenster. Eine ältere Dame applaudiert begeistert.

3. RUA NOVA

Die Stellen am wichtigsten Platz der Stadt, der Praça do Giraldo, sind umkämpft. Kein Stadtmusiker hat ein Anrecht. Ist der Platz besetzt, muss man sich einen anderen suchen. Deshalb steht Zé gern vor dem großen Holztor, es biete eine tolle Akustik.

4. SOCIEDADE HARMONIA EBORENSE

„Das hier ist meine Hood. Hier gebe ich Gitarrenunterricht, hier treffe ich Freunde. Es gibt spannende Konzerte, Billardtische und eine Dachterrasse mit Blick über die Stadt", erklärt Zé. „Wer rein will, muss Mitglied werden. Die Mitgliedschaft kostet drei Euro jährlich."

5. MUSEU NACIONAL FREI MANUEL DO CENÁCULO

„Früher habe ich auch am Diana-Palast gespielt. Aber die Stimmung passt da nicht", erzählt Zé weiter. „Der viele Busverkehr - der ist nicht gut für die Akustik." Für Évora-Besucher ist dieser Ort ein Muss. Eine absolute Empfehlung: der Jardim Diana mit seinem *quiosque*.

6. LARGO DA MISERICÓRDIA

Ein kleiner Platz gesäumt von einigen Jacarandabäumen, die im Frühling das Pflaster mit hellblauen Blütenblättern verzieren. Hier spielt er, wenn seine Lieblingsstellen besetzt sind. Am Platz gibt es zwei gute Bäckereien.

Jardim Diana
Museu Nacional Frei Manuel do Cenáculo
Rua Nova
Praça do Giraldo
Sociedade Harmonia Eborense
Largo da Misericórdia
Jardim Público de Évora
ÉVORA
0
200
400
600
Meter

Essen

Wundervoll traditionell, laut und üppig ist das **Café Arcada**, in dem sich am Samstag halb Évora trifft, um sich bei einer *bica* und einer *torrada* (geröstetes Brot mit salziger Butter) über den Klatsch und Tratsch der letzten Woche auszutauschen.

Praça do Giraldo 7

Wer mit dem Auto kommt, lässt es am besten vor den Stadttoren stehen. Eins dieser Tore ist die Nova Porta De Aviz. Im Sommer, wenn es um die 40 Grad heiß wird, macht man im **Café Fonte D'Aviz** eine erste Pause, bevor man die engen Gassen hinauf in die Altstadt in Angriff nimmt.

Rua de Aviz 172B

Marisa und Francesco vom Tua Madre

Von einem kleinen Platz öffnet sich ein Durchgang – und plötzlich steht man in einer Gasse, in die sich das Nachtleben Évoras zurückgezogen hat. Mehrere kleine Restaurants gibt es hier, Tische und Stühle stehen auf dem Trottoir, die Stimmung ist ausgelassen. Wir lieben das **Tua Madre**, wunderbar modernisierte portugiesische Küche und herzliche Atmosphäre. Und so eng, dass es kuschlig wird.

Alcarcova de Baixo 55
tuamadrerestaurante.com

Man kann Évora in drei Zonen unterteilen: den unmittelbaren Stadtkern rund um den Diana-Palast, den Bereich rund um die Stadtmauer und die Außenbezirke. Das **Dona Laura** befindet sich im zweiten Bereich, bietet Gerichte mit zeitgenössischem Tapas-Konzept *(petiscos)* und hat eine sehr gute Weinauswahl.

Rua dos Penedos 13D

Es gibt Restaurants, in denen man nicht reservieren kann und die immer voll sind, die **Taberna Típica Quarta-feira** ist so eins. Klassisch gute Küche, aber wir haben noch nie einen Platz bekommen, versuchen es jedoch immer wieder. Falls jemand berichten kann ...

Rua do Inverno 16

Nix für Vegetarier, nix für Zimperliesen – das **A Gruta** vor den Toren der Stadt verfügt über einen einfachen Gastraum mit Plastikstühlen, Resopaltischen und Papiertischdecken. Davor steht ein großer Grill, auf dem ständig mit *piri piri* eingestrichene Hühner gegrillt werden. Als Beilage gibt es Pommes und Salat. Oder Salat und Pommes. Immer voll, immer laut, immer unterhaltsam.

Rua General Humberto Delgado 2

Wo die Welt ein besserer Ort ist: Zoetic

Schlafen

Der Name klingt verheißungsvoll, tatsächlich erweist sich das Gebäude aus dem 17. Jahrhundert, in dem das Hotel **The Noble House** untergebracht ist, als eleganter Stadtpalast. Jedes Zimmer hat einen anderen Grundriss. Unseres bot einen schönen Blick über die Stadtmauer hinaus in das Land – und man wohnte dennoch mitten in der City.

Rua do Conde da Serra da Tourega 9
thenoblehouse.pt

„Die Einrichtung der Zimmer haben wir selbst gestaltet, zum Teil die Möbel selbst gebaut", erklärt Raquel beim Rundgang durch ihr kleines Bed and Breakfast. Das **Zoetic** befindet sich in einer hübschen Stadthausvilla an einer der von Platanen gesäumten Alleen Évoras. Die Innenstadt ist einen Spaziergang entfernt. Es gibt einen Garten, veganes Essen und den Anspruch, mit dem Konzept der *sustainable rooms* die Welt zu einem besseren Ort zu machen. So stammt die Bettwäsche aus europäischer Produktion, besteht aus Biobaumwolle und ist auch ohne Bügeln kuschelig. Raquel sagt, so unterstütze man lokale Produktion und spare Energie.

Avenida São João de Deus 34
facebook.com/sustainablerooms

Es gibt immer wieder Hotels, die bei uns die Frage aufwerfen: Was war wohl die Idee dahinter? Dieses Eco-Boutique-Hotel im Aldeia-Stil vor den Toren Évoras ist so ein Ort. Das **Ecork Hotel** hat ein großes Haupthaus mit weißen Wänden, verwinkelten Räumen und diversen Terrassen. Durch die offenen *pátios* kann an heißen Tagen die Luft strömen und für Kühlung sorgen. Auf dem Dach befindet sich ein großer Rooftop-Pool. Von dort geht der Blick über die Anlage mit ihren vielen Zimmern in kleinen Bungalows. Toll gemacht, keine Frage. Aber ist es nicht etwas groß geraten? Wir mögen das Eco-Hotel trotzdem.

Quinta da Deserta e Malina
ecorkhotel.com

BESUCH BEI DEN TOTEN

Die Kapelle, verziert mit Gebeinen und Totenschädeln von den Friedhöfen Évoras, ist ein beklemmender Ort. Der Besuch beginnt mit einem Gedicht.

Wohin gehst du so eilig, Reisender?
Halte inne ... eile nicht weiter.
Du hast kein größeres Ziel
als dieses, auf das du deinen Blick richtest.
Erinnere dich an die vielen, die von dieser Welt gegangen sind,
denke über deine Endlichkeit nach.
Dafür gibt es gute Gründe;
wenn es nur alle täten.
Denk nach, du bist so vom Schicksal beeinflusst.
Über all die vielen Sorgen der Welt
denkst du viel zu wenig an den Tod.
Falls du zufällig an diesen Ort kommst,
halte inne ... für den Segen deiner Reise.
Je länger du innehältst, desto weiter kommst du voran.

Diese Zeilen von Padre Antonio da Ascenção Teles geleiten uns in die Kapelle der Knochen. Und sie machen uns bewusst, wie schwer uns der Umgang mit dem Tod fällt. Die Capela dos Ossos konfrontiert uns damit. Eine weitere Inschrift: „Wir Knochen, die wir hier sind, warten auf die Euren."

Mehr als 5.000 Gebeine und Schädel wurden im 17. Jahrhundert von Franziskanermönchen für die Ausgestaltung der „Knochenkapelle" verwendet. Entstanden ist ein makabrer Ort der Reflexion über die Vergänglichkeit. Und doch ist die Capela dos Ossos vor allem eine Hommage an das Leben, an unsere kurze, magische Reise. Wir denken nach über das Mysterium des Menschseins und erkennen im Sonett von Teles eine alte mystische Weisheit: „Je länger du innehältst, desto weiter kommst du voran." Es tut dann aber doch gut, wieder draußen zu stehen – im warmen Sonnenlicht Évoras.

Praça 1° de Maio 4
igrejadesaofrancisco.pt/capela-dos-ossos

CROMELEQUE: PORTUGALS STONEHENGE

Gedenkort, Versammlungsplatz oder Nekropole? Im Hügelland zwischen Évora und Montemor-o-Novo wurden Menhire aus der Jungsteinzeit gefunden und geben der Wissenschaft seither ein Rätsel auf. Reise in die Megalithzeit.

100 große, zum Teil übermannshohe Steine stehen in zwei Kreisen auf einem kleinen Hügel. Selbst wenn man weiß, was einen erwartet, ist es überwältigend, sie zu sehen. Vom Besucherzentrum bis zu den Cromeleque dos Almendres sind es rund vier Kilometer. Man kann mit dem Auto bis zum Parkplatz fahren oder vom Besucherzentrum aus wandern. Wir haben alles gelesen über diesen Cromlech, so die Bezeichnung für Megalithbauwerke: Dass es der bedeutendste Steinkreis der Iberischen Halbinsel ist, dass es eigentlich zwei Kreise sind, dass man dieses kaum bekannte Bauwerk für deutlich älter hält als das weltberühmte Stonehenge, dass es demnach etwa 5.000 bis 6.000 Jahre alt sein soll. Und dann verblüfft dieser Ort einen doch.

Vorsichtig laufen die Besucher um die Steine herum, betrachten sie von allen Seiten, berühren sie, versuchen die Bemalung zu identifizieren. Von weit her hat man die Steine an diese abgelegene Stelle gewuchtet, die noch entlegener wirkt, wenn man bedenkt, dass gegen Ende der letzten Kaltzeit die Weltbevölkerung nur rund fünf bis zehn Millionen Menschen umfasste. Gerade deswegen übt die Anlage eine intensive Anziehung aus. Bezieht man ähnliche Bauwerke in der näheren Umgebung mit ein – etwa in Xerez und Zambujeiro –, so ergibt sich eine Linie, die nahelegt, dass die Steinkreise mit dem Rhythmus von Sonne und Mond in Beziehung stehen.

Wissenschaftler sind sich jedoch uneins, wofür diese Anlagen geschaffen wurden. Dienten sie als religiöse Begräbnisstätten? Oder als astrologische Observatorien, um Saat- und Erntezeiten zu bestimmen? Waren es Nekropolen? Oder gar spirituelle Versammlungsorte? Man mag bedauern, dass wir diese Verbindung zur Natur verloren haben, aber zwischen den Cromeleque dos Almendres kann man eine andere Zeit spüren.

Herdade dos Almendres, Nossa Senhora de Guadalupe
evoraportugaltourism.com/guide/almendres-cromlech.html

Die Gastgeber

MARIANA & ZÉ, IMANI COUNTRY HOUSE

Offenbar sehnen sich Schauspieler aus Lissabon vor allem nach Abgeschiedenheit – auch Mariana Roxo und José Pedro Vasconcelos. Kaum war das Sehnen da, erfuhren sie von der Quinta de Montemuro, einem Landgut zehn Kilometer von Évora entfernt, das leer stand. Mariana und Zé ließen es umbauen, machten das Haupthaus zum Empfang, die Unterkünfte der Arbeiter zu Zimmern und den Gemeinschaftsraum zum Restaurant. Das Imani Country House liegt auf dem Weg zu den Cromeleque dos Almendres. Eine von Schlaglöchern ausgehöhlte Schotterstraße (wir empfehlen eine Vollkaskoversicherung für den Mietwagen) verbindet die historische Stätte und das Hotel mit der Kleinstadt Guadalupe.

Elf Hektar misst das Grundstück. Sobald sich das elektrische Tor geöffnet hat, fährt man in eine grüne Welt inmitten dieses von Sommerhitze geprägten Teils des Alentejo. Die letzten Meter geht es durch eine Allee von Orangenbäumchen. Das Geheimnis dieser Oase? Die Bewässerungsanlagen stammen aus römischen Zeiten und haben das Land von Montemuro fruchtbar gemacht. Gäste, die die Abgeschiedenheit schätzen, dürfen sich über zwei schöne Pools freuen, über die unfassbare Dunkelheit des Nachthimmels und auf das wunderbare Frühstück, das die Köchin frisch zubereitet.

Quinta de Montemuro, Guadalupe
imani.pt

ALQUEVA

Wenn es Nacht wird über dem großen See

Über dem größten Stausee Europas wird es nach Sonnenuntergang so dunkel wie nirgends sonst in Europa. Im Sternenpark Dark Sky Alqueva schauen wir in das Teleskop. Und begeistern uns beim Blick ins Firmament für das Hinterland im Alentejo.

„Es sind dieselben Sterne, die die Seefahrer vor 500 Jahren gesehen haben", sagt Fred und leuchtet mit seinem Laserpointer gen Himmel. Tief am Horizont der Große Wagen, wir sehen das W der Cassiopeia und den Orion mit seinem Gürtel. Unser Guide erklärt, wie sich die Entdecker früherer Jahre orientierten: Verlängert man die Linie der hinteren beiden Sterne im Großen Wagen, kommt man zum Polaris, dem hellsten Stern im Kleinen Wagen. Führt man nun eine senkrechte Linie nach unten, dann liegt dort Norden.

Ein lauer Abend im Alentejo. Wir haben ein frühes Abendessen in einer ehemaligen Ölmühle genossen. Von der gefliesten Terrasse ging der Blick auf die Hügelstadt Monsaraz und ihre Festung. Der Ort hat in der Geschichte des Landes eine gewisse Bedeutung, wurde in der Zeit der Reconquista von den Mauren zurückerobert und galt lange als Hochburg des Templerordens. Nach dessen Verbot ging daraus der Christusorden hervor, der sich als eine Art Elite verstand. Der erste Großmeister stammte aus Monsaraz.

Während wir aus rotbraunen Tonschüsseln unseren Entenreis löffeln, befassen wir uns weiter mit der Geschichte der Region. Schon Diktator Salazar wollte den spanisch-portugiesischen Grenzfluss Guadiana aufstauen. Groß waren die Proteste, als man diese Pläne nach der Nelkenrevolution wieder aufgriff. Bald wurden die Bauarbeiten am Projekt wieder eingestellt und sehr lange sehr kontrovers diskutiert. Dann stellte man den Staudamm trotzdem fertig. Weitere acht Jahre dauerte es, bis der See vollgelaufen war.

Heute gilt er mit fast 1.200 Kilometern Uferlänge als einer der größten Europas. Das freut die Portugiesen, sie lieben Superlative. Dabei ist die Größe ein Problem. Aufgrund der gewaltigen Oberfläche verdunstet viel Wasser. Kritiker bemängeln zudem, dass manche Regionen heute trockener seien, als sie es früher waren, denn das Wasser komme vor allem der intensiven Landwirtschaft zugute – nicht den alteingesessenen Bauern. Und doch hat sich der 250 Quadratkilometer große See auch zu einem beliebten Naherholungsgebiet entwickelt mit Badestellen, Marinas und perfekter Dunkelheit.

Monsaraz: Blick von der Festung auf den Alqueva-See

Die Gegend rund um den Alqueva-See gilt als Lichtschutzgebiet. Es gibt nur wenige gut zugängliche Orte in Europa mit so wenig Lichtverschmutzung, in denen die Nacht so dunkel ist wie hier. Am Südufer liegt das Observatório do Lago Alqueva, eine kleine Anlage, die auch unsere Einsamkeit im Universum darstellt. Eine wandfüllende Illustration zeigt einen gewaltigen Wirbel – unsere Milchstraße. Es ist nur eine Galaxie von vielen ähnlich großen. Irgendwo rechts befindet sich ein kleiner Punkt. Ein Pfeil zeigt darauf und daneben steht der Satz: „Sie befinden sich hier!“ Der Punkt ist die Erde.

Wir haben Glück mit dem Wetter, aber Pech mit dem Mond. Schon bald steht er fast voll am Himmel und es ist zu hell, um Sterne zu sehen. Dafür bittet uns jetzt Fred, der Mann mit dem Laserpointer, vorzutreten, um einen Blick auf den einzigen Begleiter der Erde zu werfen. Er hat ein hochmodernes Teleskop aufgebaut. Es ist klein, gedrungen und sieht aus wie ein Thermomix auf Rollen, aus dem ein Bratpfannenstiel ragt, das Okular. Dadurch betrachtet wirkt der Mond verletzlich und angedengelt, eine blasse Milchglaskugel voller Dellen und Einschläge.

Schließlich bleiben wir noch einen Moment beisammen stehen. Der kleine Versammlungsplatz ist rot beleuchtet, denn rotes Licht blendet die Augen nicht so. Unser Guide erzählt jetzt, warum ihn die Sterne begeistern. Er arbeite an einer Schule, aber der Blick zum Firmament habe ihn von Kindheit an fasziniert – zum Firmament, an dem sich schon die Seefahrer orientiert haben.

darkskyalqueva.com

Essen

In der ehemaligen Ölmühle, in der sich heute das Restaurant **Sem-Fim** befindet, stehen noch dekorativ und liebevoll gepflegt die alten Pressen. Die Einrichtung ist rustikal. Die Speisen sind sehr geschmackvoll und traditionell – *bacalhau* mit Knoblaucholivenöl, *açorda* mit *beldroegas* (Brotsuppe mit Portulak) oder gegrilltes schwarzes Schwein. Die Terrasse auf der Hinterseite des Gebäudes bietet einen schönen Blick aufs Land, die weidenden Schafe und das Castelo no Alto do Monte.

Rua das Flores, 6A, Telheiro, Monsaraz
sem-fim.com

Schlafen

Manche Orte sind nicht von dieser Welt: Wenn man die **Casa na Terra by Silent Living** mit einer Drohne fotografierte, würde man sie kaum erkennen. Denn die Häuser sind futuristische Betonhöhlen, die sich komplett in die Hügellandschaft rund um den Alqueva-Staudamm einfügen. Es gibt Lichtschächte, riesige Fensterfronten und große Terrassen – und eine Ruhe, die auch nicht von dieser Welt ist. Leider sehr teuer.

silentliving.pt/houses/casa-na-terra

Ein kleiner Garten, eine hübsche Poolanlage, ein großes Restaurant mit hohen Fenstern und einer weitläufigen Terrasse, von der aus man auf das gepflegte Grün blickt. Die **Horta da Coutada** fügt sich in das Land ein. Man wohnt in kleinen Häusern, die sich gegen die Hitze des Sommers verschanzen und erfreut sich am morgendlichen Vogelgezwitscher.

Reguengos de Monsaraz
hortadacoutada.pt

Erleben

So umstritten der Alqueva-Stausee auch sein mag, an dem gewaltigen Binnensee gibt es einige sehr schöne Badestellen, etwa die **Praia Fluvial de Monsaraz** mit einem netten kleinen Restaurant.

Merinodecken, die Schafe verschrecken

Im Alentejo hat sich die Manufaktur Fabricaal der Herstellung typischer Schäferdecken aus Merinowolle gewidmet. Die derben Stoffe mit den reduzierten Mustern wurden dafür ein wenig modernisiert.

Klick, klack, klick, klack. Konzentriert lässt eine Frau das Schiffchen durch die Kettfäden fliegen und zieht am Holzrahmen des Webstuhls. Schaut man ihr geduldig zu, sieht man langsam einen Stoff entstehen. Klick, klack, klick, klack. Drei Frauen sitzen in der Halle an den Webstühlen, zählen Linien und fädeln Wolle auf. Die Luft ist erfüllt vom Rhythmus der Rahmen und Schiffchen.

Margarida Adónis führt uns durch die Fábrica Alentejana de Lanifícios, kurz Fabricaal. Es handelt sich um eine Manufaktur am Stadtrand von

Reguengos de Monsaraz: ein großer Raum mit Steinfußboden und offener Holzdecke. Die Stadt ist bekannt für ihren Wein. Der Monsaraz ist ein sehr leckerer tiefdunkler Roter mit Noten von Brombeeren und Schokolade.

„Seit dem 16. Jahrhundert werden hier Wolldecken produziert", erklärt Margarida. Derbe Decken aus der Wolle lokaler Merinoschafe. Sie dienten den Hirten als Umhang gegen Regen und Kälte, als Baldachin gegen die Hitze, als Kopfkissen für ein Nickerchen, als Decke für eine Nacht unter freiem Himmel und als Erkennungsmerkmal, denn jedes Muster ist ein Unikat. Je länger die zierliche Frau mit der roten Brille und der Billy-Idol-Frisur über die Wolldecken spricht, desto mehr werden sie zum ikonischen Produkt des Schäferdaseins.

Doch irgendwann waren sie nicht mehr nötig. Und Fabricaal geriet in Schwierigkeiten. Bis Margarida und einige Freunde ihr Faible entdeckten für die derben Stoffe. Sie haben die Webstühle wieder in Ordnung gebracht, Mitarbeiter gefunden, die diese bedienen können, und die Produktion neu gestartet. In Lissabon sind die Decken wieder in.

Traditionelle Muster wie *espinha de trigo* – „die Kornähre" – wurden angepasst. Neue Muster heißen „Happy", „Praia" oder „Illusion". Es gibt Taschen, Kissen und Puffs. Die Decken zieren heute Sofas, Holzdielen und Wände. Und man kann sie in Farben erstehen, die manches Schaf wohl verschrecken würden.

Im Onlineshop wählt man Design und Größe. Das Produkt wird nach Auftrag gefertigt und verschickt – Tradition on demand. Wir sehen uns im Raum um, während die Webstühle klackern. Faden um Faden wird aus jeder Decke ein Unikat. Das ist das Schöne am Handwerk in Portugal: Egal wie cool es auch ist, es braucht seine Zeit.

Rua dos Mendes 79, Reguengos de Monsaraz
fabricaal.com

Unter Portugal Manual haben sich einige Manufakturen zusammengeschlossen und verkaufen über einen gemeinsamen Onlineshop: portugalmanual.com

MARVÃO

Ein extremes Dorf

Marvão ist ein besonderer Ort – er liegt auf einem 860 Meter hohen Felsplateau direkt an der Grenze zu Spanien. Er ist beliebt bei Tagesauflüglern. Und wurde vor einiger Zeit zur Spielstätte des größten Festivals für klassische Musik im Land.

Wir lassen die Fenster runter und spielen mit den Fingern im Fahrtwind. Auf und ab tanzen die Hände, das Sonnenlicht flirrt, die warme Luft schmeckt würzig. Wer im Spätsommer mit dem Auto in der Serra de São Mamede unterwegs ist, durch weiche Kurven und über sanfte Buckel, verfällt leicht dem Übermut. Wir kommen plötzlich auf die Idee, mit den Händen gegen das Blech des Mietwagens zu klopfen, als wir an drei Rennradfahrern vorbeifahren. „Vamos“, rufen wir und drücken ein paarmal die Hupe. Die drei winken zurück.

Ein überraschend schönes Stück Alentejo. Hier bauscht sich das weite, wellige Land zu einem kleinen Mittelgebirge auf. Die bis zu 1.025 Meter hohen Berge sind von Wäldern aus Kastanien, Eichen und Platanen überzogen. Uns interessiert nur ein Gipfel, er ist 860 Meter hoch. Auf ihm thront die Kleinstadt Marvão mit grandiosem Blick bis weit hinein nach Spanien.

Die Lage hat diesen Ort geprägt. Gegründet wurde er von Ibn Marwan, der im neunten Jahrhundert an die Macht kam, als sich die Iberische Halbinsel unter maurischer Herrschaft befand. Marwan, der vom Islam zum Christentum konvertiert war, erhielt einen weiten Landstrich zugesprochen. Und die Siedlung auf dem Berg trug fortan seinen Namen.

Der Dorfkern besteht aus ein- bis zweigeschossigen, weiß getünchten Steinhäusern. Sie stehen dicht aneinander, als suchten sie Schutz vor dem Wind, der über das Plateau hinwegfegt. Am Ortsrand erhebt sich steil eine Festung aus dem Fels. Wir erklimmen ihre Zinnen. In wohl jedem anderen Land müsste man Eintritt zahlen, die Mauern wären gesichert. Jetzt stehen wir auf den Türmen, sehen die Bühne des Marvão-Musikfestivals, das der Komponist Christoph Poppen gegründet hat. Er sagt, er sei dem Dorf verfallen: „Es war Liebe auf den ersten Blick.“

Das geht offenbar den drei Rennradfahrern, denen wir am Vormittag begegnet sind, nicht anders. Sie kommen aus Spanien und begeben sich immer wieder auf Tour in diese abwechslungsreiche Region. Beim Anstieg hinauf zur Burg geben sie sich dann die Kante. Jetzt belohnen sie sich mit Limo und Kaffee. Dann sausen sie davon.

Lieber Christoph Poppen, wie bist du an diesen Ort geraten?
Christoph Poppen: Ich war mit Freunden auf einer Radtour im Alentejo. Wir übernachteten in der *pousada* von Marvão, einem historisches Hotel. Ich machte einen Spaziergang und verliebte mich in Marvão. Vor allem in die Stille. Und stand plötzlich vor einem Haus mit einem Schild: „se vende" – „zum Verkauf".

Du hast am ersten Abend ein Haus gekauft?
Ich habe meiner Frau davon erzählt, sie lachte nur. Aber ich hörte nie auf, von Marvão zu schwärmen. Juliane sagte, ich solle noch einmal hinfahren. Das habe ich getan – ehrlich gesagt, um das Haus zu kaufen.

Deine Frau war von der Idee überzeugt?
Nein. Sie ist Sopranistin, ich bin Dirigent. Wir sind viel unterwegs, wohnen am Ammersee, in dieses Leben passt kein Haus in einer entlegenen Region. Ich hatte es aber bereits angezahlt. Rückblickend muss ich sagen, das war ein Stresstest für unsere Ehe. Als ich dann aber wieder in Marvão war, fühlte ich mich wie ein Maler vor einer weißen Leinwand. Und ich hörte plötzlich Musik über die Burg wehen. Das war der Anfang des Musikfestivals. Als ich dem Manager des Gulbenkian Orchesters davon erzählte, war er sofort begeistert.

So wurde aus der Leidenschaft für eine Stadt ein Musikfestival?
Jeder Künstler, dem ich davon erzählte, sagte gleich zu. Als es immer mehr wurden, fanden sich auch Sponsoren. Schon am Ende der ersten Ausgabe stand eine rote Null. Der vorher zurückhaltende Bürgermeister war überwältigt.

Seither ist das Marvão-Musikfestival eine feste Institution?
Wir haben es aus dem Stand geschafft, das größte Musikfestival für klassische Musik Portugals zu starten. Inzwischen wollen so viele Künstler bei uns spielen, dass es eine Warteliste gibt.

Wie viele Besucher zieht das Festival an?
Wir verkaufen rund 10.000 Tickets an etwa 6.000 Besucher, manche besuchen ja mehrere Konzerte. Sogar der portugiesische Staatspräsident war mehrmals zu Gast. Unser Festival ist ein echter Wirtschaftsfaktor in der Region.

In den vergangenen Jahren ist viel passiert in Portugal. Wie schätzt du das ein?
Ich sause ja meist von Lissabon direkt hierher. Aber ich sehe neue schöne kleine Hotels und Restaurants. Diese Aufbruchstimmung wird von einer jungen Generation getragen. Das begeistert mich.

marvaomusic.com

Im Hochsommer wimmelt es hier von Touristen. Während tagsüber Gedränge herrscht in den engen Gassen, bleiben nach Sonnenuntergang die 109 Einheimischen unter sich. Und beim Abendessen in der Casa do Povo, dem „Volkshaus", vermittelt uns eine wunderbar schmallippige Kellnerin das Gefühl, dass auch wir am besten weitergefahren wären. Auf die Frage, ob man im Menü die Nachspeise tauschen könne, antwortet sie schlicht: „Nein."

Das Essen und der Blick von der Terrasse machen das schnell vergessen. Wir genießen Knoblauchsuppe mit Portulak und Ei und den Lammeintopf im Tongefäß. Und als wir die *mousse de castanhas* auf der Speisekarte entdecken und bestellen, freuen wir uns, dass uns die Kellnerin das Dessert nicht über den Kopf gießt. Man kann hier übermütig werden.

Essen

Neu und besonders ist das **Fago**, das regionale Zutaten und eine moderne Fusion-Küche bietet, in der etwa traditionelle Gerichte durch koreanisch gegartes Kimchi-Gemüse ergänzt werden.

Travessa da Praça 2A
fagomarvao.com

Für einen Snack am Abend eignet sich das **O Castelo**, in dem man ein regionales IPA, ein paar Nüsse und sehr leckere *tostas* mit dem würzigen Landbrot aus dem Alentejo bekommt.

Rua Doutor Matos Magalhães 2

In der **Casa do Povo** („Volkshaus") werden deftig-authentische Speisen zu günstigen Preisen serviert. Innen sitzt man unter Neonröhren, der Blick von der Terrasse ist umwerfend.

Travessa do Chabouco 2

Schlafen

Die **Pousada de Marvão** liegt nahe der Burg. Der historische Gasthof, aus dem das Hotel entstand, hieß Ninho da Águia – „Adlerhorst". Das sagt viel aus über den Blick, den die Zimmer bieten.

Rua 24 de Janeiro 7
pousadas.pt/de/hotel/pousada-marvao

Über nur neun Zimmer verfügt das kleine Dreisternehotel **Dom Dinis** mit seinem wunderbar historischen Charme und der fast puristischen Einrichtung. Der Blick ist sehr schön.

Rua Doutor Matos Magalhães 7
domdinis.pt/marvao

Mit seiner kleinen Terrasse hat das **Hotel El Rei Dom Manuel** fast ein Alleinstellungsmerkmal, denn in den engen Gassen des Dorfes gibt es wenig Platz. Sieben kleine, süß eingerichtete Zimmer.

Largo de Olivença
turismarvao.pt

Am Morgen weckt der Esel, der hinter dem Haus mit den Duschen steht. Wir schlüpfen aus den Schlafsäcken. Gedrungene Olivenbäumchen, lichte Eukalypten, aufrechte Felsen und zwei Esel – **Camping Beira Marvão** wurde vor mehr als 20 Jahren von Annick und Rood aus den Niederlanden gegründet, kürzlich haben sie den Betrieb an ihre Nachfolger übergeben.

Estrada de Castelo de Vide
campingbeiramarvao.com

SERRA D'OSSA

„Auch die Ruine gehört dazu ..."

Mit diesem Satz erfuhr die Urgroßmutter unseres Gastgebers, dass zum Grundstück, das sie geerbt hatte, auch eine weitläufige Klosteranlage gehörte. Heute ist diese ein einzigartiges Hotel – und allein deshalb ein Besuch wert.

„Everything you see is ours", sagt Henrique Leote. Wir erkunden in einem Allradfahrzeug mit Überrollkäfig und Gittern statt Scheiben die Wälder der Familie: 750 Hektar, eine Fläche doppelt so groß wie der New Yorker Central Park. Nun stehen wir auf einem Felssporn und blicken in die Landschaft der Serra d'Ossa. Henrique wiederholt: „Everything you see is ours."

Das Hotel Convento de São Paulo ist eine einstige Klosteranlage im „Gebirge der Knochen“. Die bis zu 650 Meter hohen Berge dienten den Mönchen des Paulinerordens, einer Eremitenbewegung, als Rückzugsort. Hier ließen sie sich ein weitläufiges Kloster errichten mit Gemüse- und Obstgärten, Kapelle und langen gefliesten Fluren, von denen die Kammern zur Kontemplation abgingen.

Nach der Säkularisierung kam das Kloster in den Besitz von Henriques Familie. „Meine Urgroßmutter war am königlichen Hof und fand das Land in ihrem Erbe“, erzählt er. Als sie es zum ersten Mal besuchte, hieß es, dass eine Ruine dazugehöre – das Kloster.

Henrique Leote, geboren 1936, gehört einer der wohlhabenden Familien Lissabons an, die Grundbesitz hat, an diversen Unternehmen beteiligt ist und mit einer Stiftung Sport- und Kulturveranstaltungen finanziert. Es hängt viel Kunst in den Fluren. Im Hotelrestaurant genießt man dazu die Küche von Duarte Laranjinho und die von Sommelier Fábio Nico ausgewählten Weine.

Das Quad hat den Wald verlassen, wir stehen vor einer Kapelle, vor uns ein kleiner Friedhof. „Hier liegt meine dritte Frau“, sagt Henrique, „ich habe sie wirklich geliebt.“ Später sagt er das auch von seiner fünften. Wir fragen, wie oft er verheiratet war. Der alte Herr antwortet: „Sechsmal.“ Sein Schwiegersohn korrigiert: „Siebenmal.“

Wir kommen zurück. Wie ein Schloss erhebt sich das weiße Kloster aus dem üppigen Grün. Über den Gärten mit ihren Orangenbäumen, Blumenbeeten und Springbrunnen hängt der Duft von Rosen. Vom Pool geht der Blick weit über das Land. Henriques Worte klingen in uns: „Everything you see ...“

Aldeia da Serra d'Ossa, Redondo, Évora
hotelconventosaopaulo.com

ESTREMOZ

Marmor, Tonfiguren und viele Verwandte

Susannes Mutter kommt aus Estremoz. Es ist eine Kleinstadt in der heißen Ebene des zentralen Alentejos. Wenn wir hier sind, dann gibt es immer viel zu sehen – und 150 neugierige Verwandte.

Meine Mutter kommt aus Estremoz. Wenn wir ihr sagen, dass wir nach Portugal reisen, fragt sie jedes Mal, ob wir auch „'stremoz" besuchen, wie sie ihre Heimatstadt verkürzt nennt. Und sie ist immer traurig, wenn wir es nicht tun. Dann erzählt sie, was zuletzt passiert ist: Dass João, der bei der Guarda Nacional Republicana arbeitet, einen VIP-Konvoi begleitet habe, dass Henrique eine neue Mitarbeiterin für seinen Marktstand eingestellt habe, dass Isaurindo nun der Personalchef der *pousada* sei … Meine Mutter lebt zwar seit den 1960er-Jahren in Hamburg, aber per WhatsApp ist sie weiterhin mit ihrem Geburtsort und ihren gefühlt 150 Verwandten verbunden.

Einen Teil der Sommer meiner Kindheit habe ich in Estremoz verbracht. Ich erinnere mich an die Viehmärkte vor dem Rathaus an den Wochenenden. Neben Lebensmitteln wurden Keramik, Felle und Waren für den täglichen Bedarf verkauft. Oder an den Sommer 1989, als das örtliche Schwimmbad eröffnete. Die ganze Stadt hat aufgeatmet, weil man in der Sommerhitze nicht mehr im Auto oder – noch schlimmer! – im Bus nach Borba oder Vila Viçosa fahren musste. Es fanden Hochzeiten statt, bei denen die eine Hälfte der Kirche gefüllt war mit der anzuheiratenden Familie, die andere Hälfte mit unserer. Ich kannte kaum jemanden. Das ist mein Estremoz.

Für Besucher präsentiert sich die 10.000-Einwohner-Stadt als typischer Ort im Alentejo. Die Häuser weiß gekalkt, die Innenräume dunkel und kühl. Es gibt ein Franziskanerkloster, einen Malteserorden, eine Kaserne und eine hübsche Altstadt. Auf dem Rossio Marquês de Pombal verkauft mein Cousin

Gemüse und Obst (er freut sich immer über Besuch aus Deutschland). In der ganzen weiten, von Hitze gebackenen Ebene erhebt sich nur ein Hügel – auf dem steht die Burg von Estremoz. Die hat viele Schlachten gesehen. Heute ist die Burg eine *pousada*.

Ein Cousin zweiten Grades – einer meiner 17 Cousinen und Cousins – arbeitet dort. Manchmal übernachten wir im einstigen Castelo mit seinem Wehrturm aus dem 12. Jahrhundert. In der Hotellobby steht eine Ritterrüstung, Silberbesteck und einige Kunstwerke sind noch original, jedes Bad ist mit Marmor dekoriert. Für den Stein war Estremoz lange berühmt. Der Garten ist ein kleines Paradies mit einem erfrischend kalten Pool.

Dirk hat mittlerweile eine Tradition meines Vater übernommen. Wenn wir mit dem Auto kommen, fahren wir mit geöffneten Fenstern immer erst einmal ganz langsam durch die Stadt. Eine Hand hängt lässig draußen, allzeit bereit für einen Gruß. Innerhalb von Minuten hat es sich dann rumgesprochen – die *alemães* sind wieder da.

Bei meinem letzten Besuch erzählte mir ein Cousin mit Stolz, dass Estremoz doppelt vertreten sei in der Liste des immateriellen Weltkulturerbes der UNESCO. 2015 wurde die *arte chocalheira* aufgenommen, eine nur hier übliche Handwerkskunst zur Herstellung von Kuhglocken, und 2017 die *bonecos*. Das sind handbemalte Tonfiguren. João schenkte mir gleich zwei. „Das seid ihr!", lachte er laut, goss noch etwas Wein nach und wir stießen an.

Essen

Das grün gekachelte Gebäude am Rossio fällt auf. Früher war es eine Bank. Heute bietet hier die **Pastelaria Aliança** köstliches Hüftgold. Samstags ist Markt, dann gibt es von der kleinen Terrasse einiges zu sehen.

Rossio Marquês de Pombal 106

Seit 1961 beglückt die **Pastelaria Formosa** ihre Kunden mit Köstlichkeiten. Sehr beliebt sind die Motto-Torten, die für jeden Anlass hergestellt werden – etwa das Modell Big Boss mit Prada Tasche aus Zuckerguss oder die Einhorn-Regenbogentorte.

Rossio Marquês de Pombal 94

Im **Gadanha** bekommt man nicht nur großartiges Essen, sondern auch ausgewählte Produkte und Weine aus der Region.

Largo Dragões de Olivença 84
merceariagadanha.pt

In der **A Cadeia Quinhentista** kommt es heute zu Begegnungen, die früher den „Gästen" nicht möglich waren: In dem ehemaligen Gefängnis waren die Männer im Untergeschoss inhaftiert, die Frauen im Obergeschoss. Jetzt genießt man gemeinsam den Sundowner mit anschließendem Essen im Freien.

Rua da Rainha Santa Isabel
facebook.com/ACadeiaQuinhentista

Schlafen

Stolz führt uns mein Cousin durch die Burganlage der **Pousada Castelo Estremoz.** „Fast jedes Badezimmer hat eine eigne Marmorfarbe", erklärt er. Doch nicht nur die Badezimmer sind luxuriös, das gesamte Dekor versprüht einen besonderen Charme. So stehen Ritterrüstungen in den Gängen und man isst von historischem Tafelsilber. Das Restaurant der Burg ist wahnsinnig gut. Die Zimmer sind nicht absurd teuer, ich kann nur empfehlen, diesen historisch besonderen Ort zu besuchen.

Largo Dom Dinis
pousadas.pt/de/hotel/pousada-estremoz

Entdecken

Von den 14 Weinregionen Portugals ist es vor allem der Alentejo, der es in der Qualität seiner Rotweine mit dem Douro-Tal aufnehmen kann. Rund um Estremoz gibt es drei spannende Weingüter:

Die Weine von **João Portugal Ramos** stehen für die Kraft des Alentejos. Von der Sonne verwöhnt entwickeln die Trauben – Alicante Bouschet, Aragonez, Trincadeira, Touriga Nacional und Petit Verdot –, die hier verarbeitet werden und nach dem Keltern in kleinen Eichenfässern reifen, eine unglaubliche Wucht. Besonders der Marquês de Borba Colheita hat es den Kritikern angetan.

jportugalramos.com

Schon mit ihrer Architektur signalisiert die **Tiago Cabaço Winery**, dass sie anders sein will: Die weiße, runde Halle sieht aus wie ein Fass, das nur ein Stück weit aus der Erde herausschaut. Und auch die Weine sind modern, heißen .com oder blog. Alicante Bouschet, Syrah und Touriga Nacional erbringen gehaltvolle Weine mit 15 Volumenprozent Alkohol und viel Tiefe.

instagram.com/tiagocabacowinery

Die jungen Herausforderer aus Großbritannien verbinden Wein, Kunst und Lifestyle unter dem Label der **Howard's Folly Winery**. Sie haben zwei Coups gelandet, indem sie erstens eine *edição especial* mit Douro-Legende Dirk Niepoort auf den Markt brachten. Syrah, Touriga Nacional und Alicante Bouschet verbinden sich zu einem fein ausbalancierten Wein. Zweitens liegt das Weingut mitten in der Stadt und verfügt über ein sehr gutes Restaurant.

howardsfollywine.com

ROTA VICENTINA

Auf den Pfaden der Fischer

Der Fernwanderweg Rota Vicentina führt vorbei an Fischerdörfern und Festungen, durch einsame Landstriche und Hippiekommunen. Und untergräbt die Wandermoral mit wahnsinnig schönen Stränden.

Als wir in unseren Outdoorklamotten auf dem Nacktbadestrand von Malhão standen, kamen wir uns schon etwas seltsam vor. In Merinoshirts, Wandershorts und Trekkingschuhen stapfen wir vorbei an Körpern, wie Gott sie geschaffen hat (vielleicht etwas gebräunter). Bis wir auch eine schöne Bucht finden und die Funktionskleidung abstreifen. Das Meer rauscht, die Sonne scheint. Wir beißen in unsere Brote und genießen den Nachmittag.

Solche Momente erlebt man auf den Rota Vicentina immer wieder. Die alten Fischerrouten sind ein Netz aus Wanderwegen zwischen Sines und Lagos. Dabei kommt es nicht so sehr auf die Gesamtdistanz der etwa 225 Kilometer an, die zwischen beiden Orten liegen. Die würde ohnehin niemand an einem Stück gehen! Wichtiger sind die Zwischenwege und einzelnen Etappen. Immer wieder zweigen *percursos circulares* vom Hauptweg ab und erschließen das Hinterland.

Den eigentlichen Start bei Sines sollte man umgehen. Aus der Industriestadt ragen zu viele Schlote in den blassblauen Himmel. Auch aus dem Grund gilt: Wandere von Nord nach Süd. Wir empfehlen, in Porto Covo zu starten. Die kleine Fischerstadt ist ein bei Portugiesen beliebter Ferienort. Die Strände in den Felsbuchten sind im Sommer gut besucht, abends herrscht viel Trubel in der hübschen Altstadt. Im Herbst kommen dann die Wanderer.

Rund 20 Kilometer liegen zwischen Porto Covo und Vila Nova de Milfontes. Eine Etappe, die es mit viel weichem Sand in sich hat. Man wird belohnt mit wundervollen Aussichten, etwa auf die Ilha do Pessegueiro und die nie vollendete Festung, die sich nur 250 Meter vom Strand gegen die Brandung stemmt. Die Küste zeigt sich mal wild zerklüftet, mal geprägt von langen Sandabschnitten. Mal führt der Weg direkt am Strand entlang, mal bringt er uns auf die Steilklippen hoch über das Meer. Bei der Praia do Malhão geben wir uns der eingangs beschriebenen Pause hin. Dann geht es vorbei am Fischerhafen Porto de Pesca das Barcas nach Vila Nova de Milfontes.

Die nächste Etappe führt über Zambujeira do Mar bis Almograve. Und wer schon den Abschnitt zwischen Vila Nova de Milfontes und Odeceixe einsam fand, der wird beeindruckt sein, wenn es sich hinter Aljezur wahrlich entlegen anfühlt. Wir lieben diese raue Küste. Einer der schönsten Orte hier ist Arrifana mit seinen atemberaubenden Klippen und dem goldfarbenen Strand. Ein Dorf wie ein aus der Zeit gefallenes Hippie- und Surferparadies. Wanderer sollten hier ein oder zwei Nächte bleiben. Denn auch auf den Rota Vicentina ist der Weg das Ziel.

DIE ETAPPEN DER ROTA VICENTINA

1. **Praia de São Torpes–Porto Covo**
   10 Kilometer
   120 Höhenmeter
   2,5 bis 3 Stunden Gehzeit
2. **Porto Covo–Vila Nova de Milfontes**
   20 Kilometer
   200 Höhenmeter
   7 Stunden Gehzeit
3. **Vila Nova de Milfontes–Almograve**
   15,5 Kilometer
   150 Höhenmeter
   5 Stunden Gehzeit
4. **Almograve–Zambujeira do Mar**
   22 Kilometer
   200 Höhenmeter
   7 Stunden Gehzeit
5. **Zambujeira do Mar–Odeceixe**
   18,5 Kilometer
   300 Höhenmeter
   6 Stunden Gehzeit
6. **Odeceixe–Aljezur**
   22,5 Kilometer
   150 Höhenmeter
   7 Stunden Gehzeit
7. **Aljezur–Arrifana**
   17,5 Kilometer
   400 Höhenmeter
   6 Stunden Gehzeit
8. **Arrifana–Carrapateira**
   20 Kilometer
   300 Höhenmeter
   6 Stunden Gehzeit
9. **Carrapateira–Vila do Bispo**
   16 Kilometer
   500 Höhenmeter
   7 Stunden Gehzeit
10. **Vila do Bispo–Sagres**
    20,5 Kilometer
    150 Höhenmeter
    7 Stunden Gehzeit

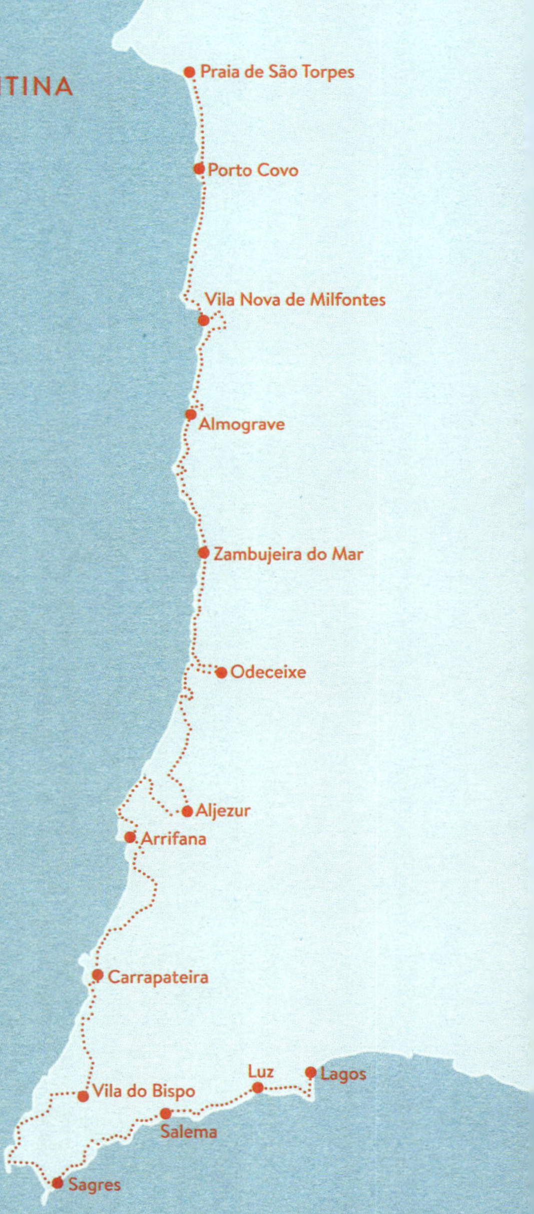

11. **Sagres–Salema**
    19,5 Kilometer
    600 Höhenmeter
    8 Stunden Gehzeit
12. **Salema–Luz**
    12 Kilometer
    400 Höhenmeter
    5 Stunden Gehzeit
13. **Luz–Lagos**
    11 Kilometer
    300 Höhenmeter
    4 Stunden Gehzeit

rotavicentina.com/de

Praia da Angra da Cerva

Die schönsten Strände im Alentejo

Lieblich und rau, weitläufig und entlegen – unglaublich abwechslungsreich zeigen sich die mitunter sehr einsamen Strände an der Costa Alentejana und der Costa Vicentina. Rund um die wenigen Urlaubsorte gibt es einige beliebte Badestrände, etwa auf der Tróia-Halbinsel, bei Vila Nova de Milfontes und Porto Covo. Doch weiter im Süden beginnt das Paradies für Einsame-Buchten-Sucher.

COSTA ALENTEJANA

Tróia
Straßen wie vom Reißbrett, künstliche Parks, Hochhäuser – Tróia ist ein touristisches Großprojekt auf der gleichnamigen Halbinsel vor Setúbal. Die Landzunge ragt weit in die Flussmündung des Sado. Die Hotelhochhäuser nehmen dem Ganzen ein wenig Charme. Die Strände sind aber grandios.

Praia Tróia Mar
Sandbänke im stellenweise sehr flachen Meer machen diesen Strand zu einem ganz pittoresken Ort. In den Dünen kann man schön liegen.

Praia Atlântica
Der endlos wirkende Strand geht fast nahtlos in den Strand von Comporta über. Tatsächlich hat diese bis Sines reichende Bucht eine Länge von mehr als 60 Kilometern.

COMPORTA

Als die „Hamptons Portugals“ wurde dieser Küstenabschnitt bezeichnet. Reiche Europäer wie Philippe Starck, Caroline von Hannover und Modemacher Steffen Schraut haben sich in den Pinienwäldern sogenannte *cabanas* bauen lassen: luxuriöse, aber minimalistische Bungalows, ganz reduziert auf die Abgeschiedenheit. Heute kann man sie mieten, ab 600 Euro pro Tag.

Die Herdade de Comporta, einer der größten landwirtschaftlichen Betriebe Portugals, baute hier Reis an. Dann kaufte die Unternehmensgruppe Espírito Santo das Land und wollte in der Dünenlandschaft mit ihren verwunschenen Pinienwäldern Luxushotels errichten. Ein Konkurs verhinderte das umstrittene Bauprojekt. Wer dem geplanten Luxus nachspüren will, dem empfehlen wir eine Nacht im Sublime Comporta. In der Nebensaison bietet das Luxushotel Zimmer schon ab 225 Euro.

Praia da Comporta
Der Sandstrand ist schlicht grandios.

MELIDES

Mit dem Lied „Grândola, Vila Morena“ begann 1974 die Nelkenrevolution. In der Nacht auf den 25. April spielte der katholische Radiosender Renascença das Lied von José Afonso zweimal hintereinander, es war das vereinbarte Zeichen für den Aufstand. 18 Stunden nach der Ausstrahlung war dank der überwältigenden Unterstützung der Bevölkerung die Diktatur gestürzt. Wenn wir durch die gelb-grünen Hügel von Grândola fahren, müssen wir das Lied – mit seinem hämmernden Rhythmus und der klagend-leidenden Stimme Alfonsos – immer einmal hören.

Praia de Melides
Zum Meer wird das hügelige Land um Grândola flach, sodass hinter Melides der Atlantik eine Lagune bildet. Es gibt also zwei Salzwasserbadestellen – eine mit, eine ohne Brandung. Am Zugang zum Strand verkauft ein kleiner Kiosk Getränke und Sandwiches.

Praia da Costa de Santo André
Die große Lagune zwischen Hügeln und Strand wurde zu einem Naturschutzgebiet erklärt. Eine magisch-schöne Landschaft, allerdings nicht leicht zugänglich. Diverse Touranbieter ermöglichen die Beobachtung von Kolbenenten, Teichrohrsängern und Purpurreihern. Der Strand „danach“ ist eine Wucht – lang, unberührt und mit viel Platz.

COSTA ALENTEJANA

Rund 150 Kilometer Küste liegen zwischen der Industriestadt Sines und dem südwestlichsten Zipfel Festlandeuropas bei Sagres. Die Strände des nördlichen Abschnitts sind vielfach einsame Buchten, die Strände im Süden schmal und häufig schwer erreichbar, sie schmiegen sich an hohe Felsen und man spürt schon die Nähe zur warmen Algarve. Für die Portugiesen ist die Costa Alentejana mit ihren hübschen Fischerorten eine traditionelle Ferienregion.

Porto Covo
Wer die typisch portugiesische Sommerfrische erleben will, kommt im August nach Porto Covo,

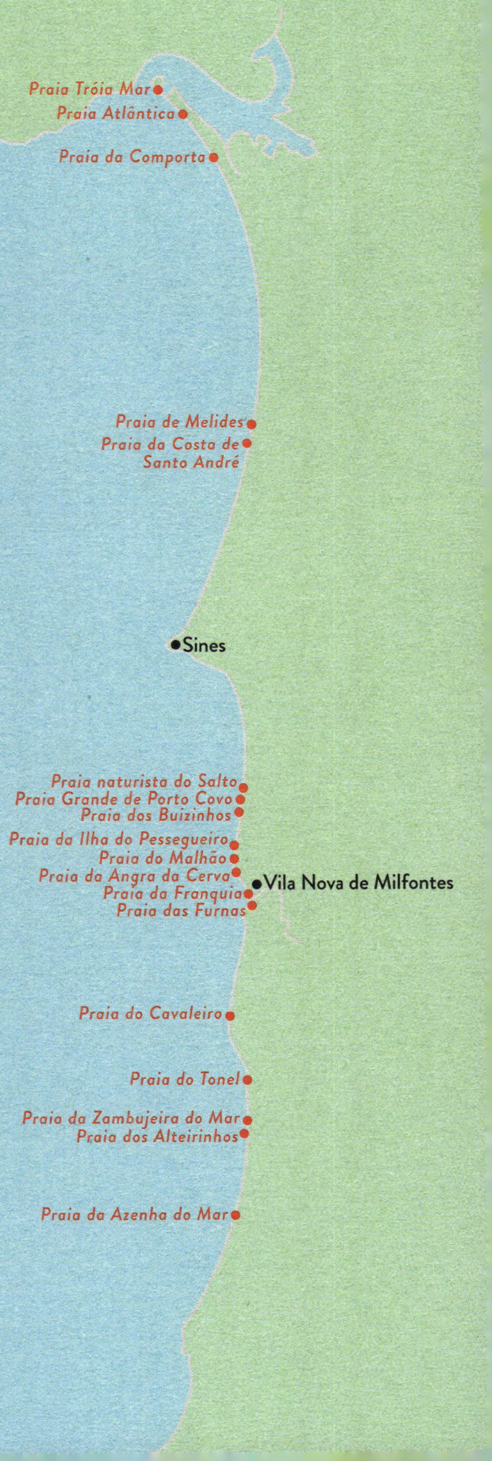

Praia do Malhão

wenn sich das Fischerdorf für einige Wochen in eine quirlige Kleinstadt verwandelt. Dann sind die kleinen, wie aus dem Fels heraus gemeißelten Strandbuchten gut besucht – und abends findet man in den Restaurants der hübschen Altstadt mit ihren niedrigen weißen Häusern kaum einen freien Tisch.

Praia naturista do Salto
Die kleine Bucht ist nur über eine steile Treppe zwischen Klippen erreichbar. Der Strand ist so schön, man möchte einen Salto machen vor Begeisterung! Beliebter FKK-Strand.

Praia Grande de Porto Covo
Selbst groß kann ganz schön klein sein: Gerade mal 120 Meter misst die breiteste Stelle des Hauptstrandes von Porto Covo. Im Kiosk auf der Klippe gibt es Snacks.

Praia dos Buizinhos
Mitten im Ort und doch fast ein Geheimtipp ist dieser winzige Strand zwischen hohen Felsen. Nur für Fußgänger erreichbar, die den Abstieg nicht scheuen.

Praia da Ilha do Pessegueiro
Für uns einer der überraschendsten Strände des Landes: Im Windschatten der Ilha do Pessegueiro fühlt man sich wie in der Karibik, so fein ist der Sand, so blau das Wasser vor der 350 Meter langen Insel. Mitte des 16. Jahrhunderts hat man begonnen, ein Fort zu errichten. Die Ruine steht noch.

Praia do Malhão
Wer beides liebt – die Weite und die Intimität einer Bucht –, wird sich hier wohlfühlen. Für viele gilt der rund zwei Kilometer lange, sehr abwechslungsreiche Strandabschnitt als einer der schönsten der Region. Am nördlichen Ende ergießt sich ein kleiner Wasserfall über die Klippen, und im Süden führt ein Bordwalk zu einem Aussichtspunkt für den perfekten Sonnenuntergang.

Praia da Angra da Cerva
Ein Strand für Entdecker. Den Mietwagen lässt man im Fischereihafen Porto de Pesca das Barcas stehen, dann folgt man dem Wanderweg der Rota Vicentina. Der

Abstieg erfordert ein wenig Konzentration, und auch der Atlantik kann hier wildromantisch sein. Danach empfehlen wir, im Fischrestaurant Porto das Barcas eine *caldeirada* zu essen, einen Fischeintopf mit Kartoffeln.

VILA NOVA DE MILFONTES

Der Motor tuckert laut los, das kleine bunte Boot erzittert und löst sich vom Steg. Nach einem erlebnisreichen Strandtag an der Praia das Furnas sitzen die Gäste dicht an dicht auf den Bänken und lassen sich von Kapitänin São auf die andere Seite nach Vila Nova de Milfontes schippern. Die Haare wehen im lauen Fahrtwind. Die Fahrt von den Stränden an der Flussmündung zurück in die Stadt bietet einen schönen Blick auf das Castelo und die Restaurants am Wasser.

Praia da Franquia
Viele lieben den Flussbadestrand in der Stadt. Hier mischen sich Meer- und Süßwasser. Wir empfehlen zum Snacken das großartige Strandrestaurant A Choupana.

Praia das Furnas
Der Lieblingsstrand von Susannes Familie: viel Sand, schöne Wellen und genug Platz. Von hier aus lassen sich bei Ebbe lange Spaziergänge zu den anderen Stränden unternehmen, etwa zur Praia da Angra do Cozinhadouro.

Praia do Cavaleiro
In der Nähe des Cabo Sardão mit seinem stämmigen Leuchtturm und den Störchen, die in den Klippen nisten – was sie nur hier in Portugal tun –, befindet sich dieser kleine, über eine Schotterstraße gut erreichbare Strand.

Praia do Tonel
Zwischen 20 bis 30 Meter hohen Klippen liegt dieser Sandstrand, der steile Weg ist mit einem Seil gesichert. In der Nebensaison kann man sich hier wie im Paradies fühlen. Manchmal nisten auch hier Störche.

ZAMBUJEIRA DO MAR

Wie Porto Covo und Vila Nova de Milfontes ist auch dieser ehemalige Fischereihafen ein beliebter Strandort. Am Ortsrand von dem „wilden Olivenbaum am Meer" – so der Name auf Deutsch – steht pittoresk die von einer weißen Mauer umgebene Capela de Nossa Senhora do Mar.

Praia da Zambujeira do Mar
Viel Sand, ein sich manchmal weit zurückziehender Spülsaum, die Felsen halten den Wind ab. Für einen Snack empfiehlt sich das hübsche, am Stadtrand gelegene Praia Café.

Praia dos Alteirinhos
Mit seinen eindrücklichen Felsformationen bleibt dieser schmale Strand nahe Zambujeira do Mar lange in Erinnerung. Achtung: Nicht zu nah an den Spülsaum legen, das Wasser steigt recht schnell.

AZENHA DO MAR

Ein weiterer kleiner Fischerort. Keine 500 Menschen leben hier. Allerdings hat sich das Dorf weniger dem Bade- als dem Anglerurlaub verschrieben. Und wer den Strand besucht hat, der weiß warum.

Praia da Azenha do Mar
Kein feiner, nicht einmal grober Sand ziert diesen Strand, sondern grauer Kies. Große weiße Steine bilden hübsche Muster. Interessant ist der völlig andere Sound des Meeres. Oberhalb des kleinen Hafens gibt es sehr gute Fischrestaurants.

„Manchmal, wenn ich morgens die Vorhänge zur Seite schiebe, sehe ich die Karavellen direkt vor unserem Haus im Meer ankern."

ANTÓNIO LOBO ANTUNES

Macher, Monchique und das unbeschwerte Leben am Meer

Die Algarve ist das Strandparadies Portugals. Und tatsächlich haben wir eine Vielzahl besonderer Strände für dieses Buch recherchiert (ja, es war ein harter Job!). Die Algarve steht aber auch für ein oft kritisiertes Tourismus-Konzept mit Hochhaushotels, Golfplätzen und Retortensiedlungen. Wir haben auch diese besucht. Und dann vor allem ein ganz besonderes Lebensgefühl entdeckt – das einer selbstbewussten Region.

Graça und João aus dem Team von Projecto TASA

LOULÉ

Konsum gegen das Verschwinden

Die Stadt Loulé steht für eine ganz andere Algarve, sie ist quasi die Hauptstadt des Hinterlands. Wir treffen João, der mit seinem kleinen Laden das Handwerk der Region retten will – und uns einen wenig bekannten, aber verblüffend schönen Landstrich zeigt.

„Früher hat man Körbe benutzt, um Waren mit Eseln zu transportieren", sagt João Ministro. „Deshalb hatten die Körbe eine bestimmte Form. Heute nutzen wir keine Esel mehr." Eine banale Erkenntnis, möchte man meinen, doch offenbar ist sie nicht so leicht nachvollziehbar für jemanden, der seit Jahrzehnten auf traditionelle Weise Körbe herstellt. Und schon steht die Frage im Raum: Wie kommt der Korb an den Kunden?

Wir stehen in einem kleinen Ladenlokal in der Rua de Portugal in Loulé. Hier taucht man ein in eine ganz andere Welt der Handwerkskunst der Algarve: Lampenschirme aus Kork oder Aluminium, Blumenvasen aus Keramik, Obstschalen aus Ton und geflochtenem Stroh, Bürsten, Holzstühle und Taschen. Und zwischen allem João, ein sportlicher Mittvierziger mit grauem Bart und hoher Stirn. 2010 hat er dieses Business gegründet. „Eigentlich steckte ich in etwas anderem. Aber ich hatte immer wieder mit der Craftsmen-Community zu tun. Ich sah, dass viele älter wurden und keine Nachfolger hatten. Und dass ihr Wissen verloren gehen könnte."

So entstand Projecto TASA. Es will mehr sein als ein Kampf gegen das Verschwinden – nämlich eine Art Starthilfe. Doch: „Manche Kunsthandwerker sind nicht bereit, Innovationen zuzulassen. Sie halten an der Tradition fest." Es sei verrückt gewesen, dass beliebte Produkte keine Abnehmer fanden, nur weil sie sich nicht verwenden ließen – etwa die Amphore, in der man Eintopf kochte. Für Privatkunden zu unpraktisch, für die Gastronomie zu groß.

In der Algarve können die Menschen sehr stur sein. Will man was bewirken, heißt es: dran bleiben. João besuchte einzelne Produzenten immer wieder. Inzwischen gibt es Körbe in verschiedenen Größen und Restaurants, die ihren Gästen das Essen in Amphoren anbieten. Gehörten anfangs etwa zwölf Handwerksbetriebe zum TASA-Netzwerk, sind es heute mehr als 50. Einige will João uns jetzt zeigen.

Loulé ist eine der überraschendsten Städte der Region. Rund 20 Kilometer von der Küste entfernt leben hier 70.000 Menschen. Es gibt eine Kirche, die aussieht wie ein Ufo, ein Minarett, das einem Burgturm gleicht, und eine neomaurische Markthalle, die an einen Bahnhof erinnert. Die Altstadt mit ihren engen, weißen Gassen wird dominiert von einer großen Burg. Stolz und wehrhaft wirkt Loulé.

Auch hier buhlen Shops mit Nippes für Touristen um Aufmerksamkeit. Doch João stellt uns zwei ältere Damen vor, die in einem Ladenlokal Körbe flechten. Almerinda und Maria sind die letzten ihrer Art. Einst gab es in der Stadt 50 Manufakturen, in denen Körbe geflochten wurden. Heute sind es noch zwei.

Es ist eine mühselige Arbeit. Almerinda hat damit angefangen, als sie acht Jahre alt war. Inzwischen geht sie auf die 80 zu. An einem Korb arbeitet sie einen Tag, man kann ihn für maximal 20 Euro verkaufen. Auch deshalb haben die beiden Damen mit João neue Produkte entwickelt: Lampenschirme, Hüte und Taschen. Das Geschäft läuft gut. Und es hat einen gewissen Charme, wie sie das Wort aussprechen – „business".

Ein paar Gassen weiter macht uns João mit Jürgen bekannt. Er kam nach Portugal, um ein neues Leben zu beginnen. „Meine Frau wollte hier mit gehandicapten Kindern arbeiten", sagt er in einer Werkstatt stehend. „Doch die Behörden machten uns einen Strich durch die Rechnung." Die beiden blieben in Portugal und der Maschinenbautechniker Jürgen kehrte in den Beruf zurück. Er arbeitete für ein Telekommunikationsunternehmen, bis er seine Leidenschaft für Kupfer wiederentdeckte. Jetzt trägt er eine derbe Lederschürze, verkauft Pfannen, Töpfe und Kessel und die von ihm erstellten Kunstwerke. Vor allem aber lehrt Jürgen andere, das Material zu bearbeiten. Denn das ist ein Teil des Konzepts im Netzwerk Projecto TASA – dass erfahrene Handwerker ihr Wissen weitergeben.

Almerinda und Maria flechten Körbe von Kindheit an

João will uns die Region zeigen. Wir steigen in sein vom Alltag zerbeultes Auto und fahren in das Hinterland von Loulé. Auf und ab geht es durch das Barrocal zwischen Küste und Monchique-Gebirge.

Wir passieren einen Hügel, auf dem ein finnisches Konsortium ein 150 Hektar großes Luxusresort errichtet. Hier entstehen ein künstlicher See, ein Golfplatz, ein Vier- und ein Fünfsternehotel, Apartments und Residencies. Rund 100 Millionen Dollar werden investiert. Für das nachhaltige Energiekonzept und die Verwendung regionaler Materialien erhielt das Projekt Auszeichnungen. Umweltschützern ist schon die schiere Größe ein Dorn im Auge. Die Grundstückspreise in der Region, so João, stiegen bereits.

Vegan-arabische Köstlichkeiten im Café 8100

Wir erreichen das Naturschutzgebiet Fonte Benémola und gehen durch eine von Büschen und niedrigen Bäumen geprägte Landschaft. Grillen zirpen, in der Luft liegt der Duft von wildem Thymian und Zistrosen. Hier geht die küstennahe Vegetation in die des Gebirges mit Eukalypten, Olivenbäumen und Macchia über. Ein Steinkreis, auf dem früher Getreide getrocknet wurde, markiert den Start eines Wanderwegs. Nach einer Stunde Gehzeit erreichen wir eine schöne Flussbadestelle.

Da ein Luxusresort, hier ein Naturschutzgebiet. In einem Weiler mit wenigen Häusern halten wir erneut an. Hunde bellen. Von Feldsteinmauern gerahmt führt ein gepflasterter Weg in die Ferne. Die frühere Handelsstraße aus der Römerzeit ist heute ein Fernwanderweg. Er führt bis in die pittoreske, komplett durchrenovierte Kleinstadt Querença. Brasilianer, Franzosen, Deutsche – das Dorf ist beliebt.

Unsere Reise in die Gegensätze der Region endet dort, wo sie begonnen hat, in der „Hauptstadt des Hinterlands". Wir sitzen im Café des Centro de

Experimentação e Criação Artística de Loulé (CECAL). Küchenchefin Rita Malvar setzt auf arabisch inspiriertes Essen mit einem Twist – alles ist vegan und schmeckt großartig: Fladenbrot, Hummus, Taboulé, Auberginenmousse und Granatapfelkerne.

Zwischen zwei Stücken Schokoladenkuchen fragen wir João nach seinem Antrieb. Was will er eigentlich erreichen? Er sagt, ihn freue, dass die junge Generation ein neues Selbstbewusstsein entwickle. Es gefalle ihm, dass viele nach Jahren in Lissabon, Paris oder sonstwo zurückkämen in ihre Heimat, wo sie sich für das alte Handwerk interessierten. Vielleicht habe es sich also bereits gelohnt, die Traditionen weiterzugeben.

Entdecken

Der kleine Laden des **Projecto TASA** ist auf jeden Fall einen Besuch wert.

Rua de Portugal 35B
projectotasashop.com

Touren wie die unsere werden auch bei **Loulé Criativo** angeboten.

loulecriativo.pt

Kupferschmied Jürgen zeigt seine Arbeiten in der **Oficina de Caldeireiros**.

Rua da Barbacã 28

Die besten Korbwaren findet man in der **Casa da Empreita**.

Rua Vice Almirante Cândido dos Reis 20

Das Naturschutzgebiet **Fonte Benémola** hat uns beeindruckt. Der Wanderweg Percurso Pedestre da Fonte Benémola ist 4,5 Kilometer lang und führt entlang eines kleinen Flusses, in den mehrere Bäche münden – ein sehr lebendiger, grüner Ort. Die Badestelle ist paradiesisch (wenn nicht zu viele Menschen da sind).

visitalgarve.pt/3562/
percurso-da-fonte-da-benemola.aspx

Essen

Wir haben uns sofort verliebt in Rita Malvar und ihre aromenreiche vegane Küche. Wenn es mehr Restaurants wie ihr **Café 8100** im CECAL gäbe, wäre die Welt längst gerettet, weil weniger Fleischkonsum.

Parque Municipal de Loulé

Weiße Wände, schwarze Buchstaben – daran erkennt man das **Bocage Restaurante**. Klassisch portugiesische Küche zum fairen Preis.

Rua Bocage 14
restaurantebocage.com

Schlafen

Ein überraschend hübsches Boutique-Hotel am wichtigsten Kreisverkehr der Stadt. Wir empfehlen den Gästen des **Downtown Loulé Prestige Hotels** Ohrstöpsel mitzubringen.

Avenida José da Costa Mealha 2
instagram.com/downtownloule

Ziemlich neu, ziemlich bunt und ziemlich günstig ist das **Loulé Jardim Hotel** mit schönem Blick über die Stadt und kleinem Rooftop-Pool.

Praça Manuel de Arriaga
loulejardimhotel.com

ALJEZUR

Spiritualität mit Strand

Alle Städte der Algarve sind dem Süden zugewandt. Wirklich alle? Nein, eine kleine Stadt hält der rauen Seite des Atlantiks stand: Aljezur. Ein Besuch im spirituellen Westen.

Eine maurische Burgruine aus dem 10. Jahrhundert, und noch heute lässt es sich kein Guide nehmen, zu erwähnen, dass die Außenmauern 1,5 Meter dick sind. Dennoch gelang es den Rittern des Santiago-Ordens, die Festung zu erobern. Schon im Mittelalter hatte sie ausgedient. So enstand außerhalb der Festung, an den Hängen und auf der gegenüberliegenden Seite des schiffbaren Ribeira de Aljezur eine Siedlung mit einem Hafen. Der Handel mit Tuchen, getrockneten Früchten, Honig, Olivenöl und Gewürzen bescherte der Stadt einen gewissen Reichtum, den man ihr heute noch ansieht.

Hier vermischt sich die fast ein wenig mediterrane Lebensart der Algarve mit dem rauen Westen, die üppige Vielfalt der Landwirtschaft mit den Freuden des Meeres. Wir mögen Aljezur, schon allein wegen seiner drei schönen Strände, eingefasst von steilen Klippen. Aber auch wegen des überraschenden Hochlands mit seinem 150 Meter hohen Gipfel und seiner erstaunlichen Spiritualität.

Erleben

„Into the Wild", „Men's Circle", „Awakening the Feminine" – diese Veranstaltungen vermitteln einen Eindruck, um welche Themen es im **Temple of the Earth** geht: um die Verbindung mit der Natur, Spiritualität, den Schamanischen Pfad.

Vale da Nora
templeoftheearth.org

Mit beiden Beinen mehr im Leben stehen, statt ständig mit dem Daumen am Smartphone hängen, das ist das Konzept von Bárbara Miranda. Dafür gründete sie **Offline Portugal**: Surfen, Kunst, gemeinsame Erfahrungen und Workshops werden zu verschiedenen Zeiten angeboten.

theofflinehotel.com

Essen

So ruhig und spirituell das Hochland, so laut und lebendig ist die Stadt Aljezur. Wir essen gern im **Vãrzea**. Es ist ein angesagtes, immer volles und doch verblüffend gutes Restaurant direkt am Fluss. Es bietet zudem eine besondere Spezialität an – eine vegetarische Variante des *Bacalhau à Bras*.

Quinta do Sabugueiro
instagram.com/varzea.bistrot

Schlafen

Der Nachbar hat ein großes Schild vor seinem Grundstück aufgestellt. Darauf heißt es: „Der Eingang zum **Utopia Guesthouse** ist 50 Meter weiter!" Ein Pfeil weist in die Richtung mit dem stattlichen Gebäude, das einer *quinta* gleicht. Es gibt eine umlaufende Veranda, auf der man morgens frühstücken kann – und einen großen Pool.

Urbanização Paisagem Oceano 110
utopiaguesthouse.com

Zwei befreundete Paare, ein abgelegenes Haus, das man aufwendig und sehr stilvoll zu einem Guesthouse umgebaut hat, und nur zwei große Zimmer: Das ist **The Lemon Lodge** im Hinterland von Aljezur.

Cerca dos Pomares
thelemonlodge.com

ALS ISLAM UND CHRISTENTUM EINTRÄCHTIG WAREN

Die Klippen der Ponta da Atalaia ragen steil aus dem Meer empor, auf ihrem höchsten Punkt befinden sich die Ruinen des **Ribat da Arrifana**. Hier, wo das Glitzern des Meeres sich mit dem Horizont verbindet, sind kein Ende und kein Anfang auszumachen. Alles scheint schon immer so gewesen zu sein, der Begriff von Zeit und Raum schwindet, je länger man verweilt.

Um 1130 verschenkte ein Regierungsbeamter der Stadt Silves sein Hab und Gut, widmete sich der Lehre und gründetet als Sufi-Meister hier ein Konvent. Es war ein Ort der Meditation und des Gebets: Acht Moscheen standen hier und eine Nekropole befand sich am Rande des Geländes.

Begründer Ibn Qasi war ein Freund und Vertrauter des ersten portugiesischen Königs Afonso I. Unter nicht geklärten Umständen wurde er ermordet. Danach verfiel das Ribat und wurde erst Anfang dieses Jahrtausends von Archäologen identifiziert. Nur wenig erinnert heute an die Zeit, als sich Islam und Christentum noch einträchtig einen Ort teilen konnten. Wer hier für einen Moment die Augen schließt, kann die Magie spüren, die Zeit und Raum überwindet.

DESSERTS

O Gott, wie süüüß!

Wir haben es schon erlebt, dass wir zu einem Abendessen eingeladen waren – und die einzigen waren, die kein Dessert mitgebracht haben. Doch woher hätten wir wissen sollen, dass es in Portugal nie genug Süßes geben kann?

Das *pastel de Belém* ist das erfolgreichste Exportprodukt Portugals. Die Füllung besteht aus Eigelb, Mehl, Zucker und Sahne *(nata)*, daher auch der Name *pastel de nata*. Das ursprüngliche Rezept haben Mönche des Mosteiro dos Jerónimos in Belém nach Aufgabe des Klosters an eine Bäckerei verkauft. Die backt bis heute nach diesem geheimen Rezept. Mag sein, dass es spannendere Berufe gibt, als nach immer gleichem Rezept die immer gleichen Törtchen zu backen, aber es gibt nur wenige, die so beliebt machen. Die Kunden stehen in langer Reihe geduldig an für die göttlichen Törtchen.

Warum aber haben die Mönche all diese Küchlein produziert? Viele Klöster verfügten über große Ländereien. Die Bauern zahlten ihre Pacht meist in Naturalien, eine beliebte Währung waren Eier. Das erklärt, warum die *doçaria conventual*, die Liste der klösterlichen Süßwaren, rund 200 Rezepte mit Eigelb enthält. Das Eiweiß wurde zum Stärken von Kleidung genutzt oder zum Klären von Wein. Wegen dieses Eigelbüberschusses braucht man selbst für eine kleine Portion *pudim flan* zehn Dottern.

Neben typischen Zutaten wie Mehl, Fett und Zucker finden in diesen Süßspeisen viele regionale Zutaten Verwendung. Gebäck aus dem Alentejo enthält häufig gesüßtes Bohnenmus, *feijão*. Im Norden kommt Kastanienmehl zum Einsatz. In der Algarve, wo die Natur üppig ist, verwendet man Mandeln, Feigen und Karube *(alfarroba)*, die nach Schokolade schmeckenden Früchte der Johannisbrotbäume.

10 beliebte portugiesische Süßigkeiten

Fios de ovos
Für dieses auch Engelshaar genannte Dessert wird das Eigelb in dünne Fäden gezogen, in Zuckersirup gekocht und dann kunstvoll aufgerollt.

Ovos moles
Bei den „weichen Eiern“ handelt es sich um eine süße Eicreme, die von einer Oblate umhüllt wird, die mal wie eine Muschel, mal wie ein Fischchen oder ein Ei geformt ist. Im Mund löst sich die Oblate auf, die Ei-Creme zergeht auf der Zunge.

Sericaia
Dieser gebackene Eierkuchen aus Eigelb, Zucker, Mehl und Zimt wird mit Kakaopulver bestäubt.

Pastel de nata
Das Sahnetörtchen wird inzwischen überall angeboten. Spätestens wenn man zum dritten Mal nach Portugal reist, sollte man das Original aus Belém probieren.

Pastel de feijão
Diese Tradition kommt aus Torres Vedras, die Füllung ist gesüßtes Bohnenmus. Susanne liebt es, aber Dirk verzieht immer das Gesicht.

Azevias de grão
Das Weihnachtsgebäck aus dem Alentejo besteht aus Bohnen, Süßkartoffeln und Mandeln. Diese werden zu einem Mus verarbeitet und frittiert. Susannes Mutter vermisst „ihre *azevias*“ jedes Weihnachten.

Bolas de Berlim
Auch in Deutschland heißt der in frischem Öl frittierte Teig, der dann gefüllt wird, Berliner. In Portugal besteht die Füllung aus Eiercreme. Dirk liebt die mit Puderzucker bestäubten Krapfen, Susanne ist das ein Rätsel.

Jesuítas
Knuspriger Blätterteig, eine süße, goldgelbe Eicreme und obendrauf ganz viel Puderzucker, für den Fall, dass es nicht ausreichend süß ist – das sind *jesuítas*. Dazu einen Kaffee. Passt.

Pastel de Tentúgal
Aus Coimbra stammen diese knusprigen Blätterteigküchlein mit Eiercreme, die den *jesuítas* nicht unähnlich sind. Sie werden kunstvoll gefaltet und abschließend mit Zimt bestreut.

Dom Rodrigo
Irgendwann hat sich offenbar jemand gefragt, was passiert, wenn man Engelshaar, Eiercreme und Mandeln zusammenbringt? Das war wahrscheinlich Dom Rodrigo aus der Algarve. Ihm verdanken wir diese Süßigkeit.

MONCHIQUE

Mit dem Rad ins Monchique Gebirge

„Das ist keine so gute Idee", sagte Susannes Mutter als ich ihr erzählte, dass ich mit zwei Freunden eine Gravelbike-Tour durch das Hinterland der Algarve planen würde, entlang des Grenzflusses Guardiana bis zu den Gipfeln im Monchique Gebirge. Und auch unser Lissaboner Freund Paulo, damals nicht ahnend, dass er selbst zum Radler werden würde, riet eher ab. „Das ist doch am Hintern von Judas..." Dass unsere Tour im Mai 2018 dennoch ein unvergessliches Erlebnis wurde, lag am Abwechslungsreichtum der Landschaften, an einsamen Straßen, verheißungsvollen Tracks und den unglaublichen Blicken von diesem Mittelgebirge bis auf den Atlantik, der blau in der Ferne schimmert. What a ride!

Seither hat sich viel verändert: In vielen Städten an der Algarve gibt es Anbieter, die Rennräder, Gravel- und Mountainbikes verleihen. Manche bieten Tracks zum Download an oder gar guided tours. Und wer sich hinaufquält in die Berge, etwa auf den 500 Meter hohen Gipfel von Malhão mit seiner steilen Rampe oder auf das Dach des Monchique Gebirges, den 902 Meter hohen Foia mit seinem Radfahr-Monument, findet en route besondere Einkehrmöglichkeiten: im Bergdorf Alte – mit seiner schönen Flussbadestelle – das Fahrradcafé Germano und im Städtchen Monchique das Fahrradcafé, -restaurant, -geschäft Velochique. Also: Radklamotten und -schuhe nicht vergessen!

BiciArte Café Germano

Rent a Bike

Unweit der schönen Praia da Falesia vermietet **Cool Bikes** Räder verschiedener Hersteller, unter anderen gut gewartete Rennräder der italienischen Traditionsmarke Pinarello.

in Boliqueime an der M 526
coolbikesalgarve.com

Die N 125 ist eine der wichtigsten Verkehrsadern in der Algarve. Hier bietet **Bike Sul**, als KTM-Händler der Region, diverse Räder des österreichischen Herstellers.

R. Poço das Canas an der N 125
bikesul.pt

Essen

Der Urgroßvater hieß Germano, im Bergdorf Alte und besaß ein seinerzeit kaum bekanntes Gefährt – ein Fahrrad. Nach ihm wurde das **BiciArte Café Germano** benannt. Es bietet Snacks, Gebäck, Limonaden, Kaffee und Fahrradservice (falls nötig). Ein lebendiger Treffpunkt für viele Radfahrer. Schon deshalb ist es schön, unter den Schirmen zu sitzen und dem Treiben zuzuschauen.

Estrada da Ponte 18a
germano.pt

Wer sich hier hinauf pedaliert hat, darf sich eines der Küchlein aus der Auslage gönnen, dazu eine Limo und einen Espresso. Die Kleinstadt Monchique liegt zwar nur auf 458 Metern Höhe, die Anstiege aber fühlen sich nach mehr an. Der Konzeptstore **Velochique** bietet alles, was der Biker begehrt: Snacks, Gebäck, Fahrradservice, Jerseys, Räder – von Trek – und Touren. Herz, was willst du mehr?

R. Serpa Pinto 8
linktr.ee/velochique

CABO DE SÃO VICENTE

Applaus am Ende der Welt

Ein markanter Felsvorsprung bildet den südwestlichsten Punkt des europäischen Festlands. Seit Generationen zieht dieser Ort Menschen an. Noch immer tun es viele ihren Vorfahren gleich und besuchen den historischen Leuchtturm.

Je mehr sich der große rote Ball und der Horizont annähern, umso mehr Menschen versammeln sich. Die, die öfter kommen, haben sich Sitzkissen mitgebracht. Die Stimmung ist besonders. Man unterhält sich, lacht, schweigt, nimmt einen Schluck Bier. Einige sind in sich gekehrt oder halten ihre Hand vors Gesicht, die letzten Sonnenstrahlen spielen durch die Finger.

Vor uns der Atlantik. Irgendwo dahinten: Amerika. Doch darum geht es gar nicht. Die Weite des Meeres reicht aus, um *saudade* zu empfinden, diese Melancholie der Portugiesen, diese unspezifische, scheinbar nicht zu stillende Sehnsucht im Herzen, noch weiter hinauszusegeln, ein Stück bloß. Nur um sich dann zurückzusehnen - nach den Lieben, nach der Heimat, nach Portugal.

Schon früh haben die Portugiesen begonnen, die Welt zu erkunden. Anfangs blieben sie nahe der Küste, befürchtete man doch, hinter dem Horizont von der Erde zu stürzen. Doch dann segelte man weiter. Die Portugiesen „entdeckten“ weite Teile Afrikas, den Seeweg nach Indien und umrundeten die Welt.

Wer hier auf die glitzernde See schaut, wird kaum an die dunklen Seiten der Kolonialzeit denken. An das Leid, das die Karavellen in die Welt getragen haben. Allein zwischen 1710 und 1830 wurden mit portugiesischen Schiffen etwa 1,2 Millionen Afrikanerinnen und Afrikaner verschleppt und als Sklaven verkauft. Erst 1869 wurde der unmenschliche Handel verboten, Portugal war einer der letzten Staaten Europas. Und tut sich nach wie vor schwer, diesen Teil seiner Geschichte aufzuarbeiten.

Nun sitzen wir am südwestlichsten Punkt des europäischen Festlands, Fremde aus allen Ländern der Welt. Der Gedanke, in eine kleine Nussschale zu steigen und hinauszusegeln, ist uns wohl allen fremd. Wie flüssiges Gold ergießt sich das Sonnenlicht über das bleiern schwarze Meer. Immer ruhiger wird es – und dann applaudieren einige.

Kurz fragen wir uns, ob es nicht bekloppt ist, der Sonne zu applaudieren? Aber vielleicht gilt der Beifall auch der eigenen Reise. Der erfüllten Sehnsucht an diesem Ort. Und der Erkenntnis, dass es eines solchen Moments bedarf, um sie zu empfinden, die portugiesische *saudade*.

Essen

Was fehlt nie, wenn dem Deutschen sentimental oder gar feierlich zumute ist? Genau: die Fressbude. Und deshalb gibt es auch am südwestlichsten Zipfel Europas die **Letzte Bratwurst vor Amerika**.

letztebratwurst.com

Schlafen

Ein Familienresort, das vor allem Eines ist: eine Oase des Rückzugs. Wer das **Martinhal** betritt, lässt für die Zeit des Aufenthalts alle Sorgen an der Rezeption. Die schöne, weitläufige Anlage verfügt über eigene Restaurants, eigene Freizeitangebote und einen „eigenen“ Strand.

Rua Baiona la Real Apartado 54
martinhal.com

Oberhalb des kleinen Hafens liegt das **Memmo Baleeira**, das südwestliche Schwesterhotel der beiden Memmos in Lissabon. Alle drei gehören der Kooperation der Design Hotels an, und entsprechend präsentiert sich dieser Ort: puristisch, klar, bodentiefe Fenster – und mit etwas Glück ein grandioser Blick.

Sitio da Baleeira
memmohotels.com/baleeira/de

TAVIRA

In der Hitze des Südens

Freunde in Lissabon schwärmten von diesem Ort an der Algarve, er sei nicht so überlaufen, es gebe schöne Hotels und einen tollen Strand – Tavira. Wir sind gleich hingefahren.

Am Cais das Quatro Aguas wartet man, die Badesachen unterm Arm, auf die Fähre. Keine fünf Minuten dauert die Überfahrt zur Ilha da Tavira mit ihrem elf Kilometer langen Sandstrand. Wow! Das letzte Boot des Tages bringt einen zurück in die Stadt mit der Festung. Das historische Zentrum mit Park, Platz und Römerbrücke ist sehenswert. Die Lichter glitzern im Fluss Gilão. Die Abende sind mild. Unsere Freunde hatten recht.

Als leidenschaftlicher Rennradfahrer fand Dirk heraus, dass es den „Granfondo Tavira" gibt, ein Jedermannrennen über 140 Kilometer. Ein Mitglied des Clube de Ciclismo de Tavira schwärmte von der Strecke und über das Rennradrevier hier: gute Straßen, welliges Terrain, von Tavira seien es zehn Kilometer bis in die Berge und zwei Kilometer ans Meer. Tatsächlich werden immer mehr Radreisen in Portugal angeboten, bei Komoot findet man etwa 250 Strecken rund um Tavira. Ein schönes Reiseziel für Strand- und Aktivurlaub.

komoot.de
vuelta.de

Essen

Nach einem Strandtag auf der Ilha de Tavira saßen wir im **Restaurante Come na Gaveta** unter Mimosenbäumen: klasse Drinks, leckere *petiscos*, schöner Abend.

Avenida Doutor Mateus Teixeira de Azevedo 36
comenagaveta.pt

Das leckere Eis vom **Veneza** sollte man auf der Römerbrücke schlecken und dabei auf den Fluss schauen. Manche baden darin.

Praça da República 8

Schlafen

Das **Convento das Bernadas Residence** datiert aus dem Jahr 1509 und bietet heute Apartments und einen Innenhof mit Pool.

Rua Arquiteto Eduardo Souto Moura 5
conventobernardas.com

Ausgehen

Für einen Absacker empfehlen wir am anderen Ufer **The Black Anchor**.

Rua Borda d'Água da Asseca 46–50
blackanchortavira.com

Entdecken

Auch „ausländische" Flamingos lieben die Landschaft rund um Vila Real de Santo António. Im September kommen sie eingeflogen in die **Reserva Natural do Sapal de Castro Marim e Vila Real de Santo António**. Es sind meist bis zu 3.000 Tiere, die hier entweder einen Zwischenstopp machen auf ihrem Weg ins Winterquartier – oder gar gleich hierbleiben. Im Sommer 2021 hat sich eine Sensation ereignet. Einige Flamingos haben hier gebrütet. Rund 550 Jungvögel sollen geschlüpft sein.
Die Küken sind übrigens grau-weiß, wenn sie in einer Crèche – einer Truppe aus Jungtieren – durch das Feuchtgebiet staksen. Rosa werden sie erst, wenn sie ordentlich viele Krustentiere gefressen haben. In Frühjahr hat sich dann der Himmel über Vila Real pink eingefärbt, als die Tiere weiterzogen – ein wunderbares Schauspiel. Wer im Herbst oder Winter in diesen Teil der Ostalgarve kommt, sollte also unbedingt ein gutes Fernglas mitbringen. Vom Observationsplatz der Reserva Natural lassen sich die Vögel sehr gut in ihrer langbeinigen Eleganz bewundern.

Infos zu portugiesischen Naturschutzgebieten: natural.pt

Die Gastgeber

EGLANTINA & FRANCISCO, COMPANHIA DAS CULTURAS

Beim Namen des Hotels denkt man an eine Art Gemeindehaus. Tatsächlich waren dies Unterkünfte für Saisonkräfte in den Ländereien. Dann ließen Eglantina Monteiro und Francisco Palma-Dias die Gebäude auf dem 40 Hektar großen Grundstück zu den Unterkünften eines weitläufigen Resorts umbauen. Es gibt einen mit Kork gedämmten Raum für Yoga und Meditation, einen Pool, einen Hamam, ein Restaurant und einen Work-and-Travel-Space mit gutem Internet.

Man kann in kleineren und größeren Häusern wohnen, in Zimmern und in Apartments. Allen gemein ist eine großartige Reduziertheit in der Ausstattung. Es gibt keine Fernseher und keine Radios, dafür aber viel Ruhe und Raum, den eigenen Gedanken nachzuhängen. Man kann spazieren gehen, die Region erkunden oder zum Strand fahren. Wir haben diesen Ort genossen.

Fazenda São Bartolomeu, Rua do Monte Grande, Castro Marim
companhiadasculturas.com

LOST IN DER OSTALGARVE

Unter dem Pseudonym Gil Ribeiro schrieb Holger Karsten Schmidt den Krimi *Lost in Fuseta* über den Hamburger Kriminalkommissar Leander Lost. Dieser wird im Rahmen eines Europol-Austauschprogramms in eine Kleinstadt an der Ostalgarve versetzt. Und schon geht es nicht nur darum, einen Fall aufzuklären, sondern auch um den Kulturclash: Deutsche Pünktlichkeit trifft auf portugiesische Gelassenheit. Längst ist aus dem ersten Fall eine sehr erfolgreiche Krimiserie geworden (kürzlich erschien Teil fünf), und inzwischen wurde die Dienstreise des Hamburger Kommissars sogar verfilmt. Im Interview spricht der Autor über seinen ungewöhnlichen Protagonisten, über Mentalitätsunterschiede und über die Liebe für einen kaum bekannten Landstrich an der Algarve.

Lieber Holger Karsten Schmidt, du bist ein mehrfach ausgezeichneter Drehbuchautor. Wie entstand die Idee, einen unter dem Asperger-Syndrom leidenden Hamburger Kommissar an die Algarve zu schicken?
Holger Karsten Schmidt: Die Idee entstand 2013 in Fuseta. Ich war ein großer Fan von *Rainman* und der dänisch-skandinavischen Filmproduktion *Die Brücke*, in der Asperger-Autisten Hauptrollen spielen. Und ich fand Gefallen an dem Gedanken, wie ein Asperger mit vermeintlich deutschen Eigenschaften wie Ordnungssinn, Pünktlichkeit, Präzision und so weiter auf portugiesische Gelassenheit und *saudade* trifft. Im Kern ging es mir aber um Inklusion und Mitmenschlichkeit: den fremden Außenseiter zu integrieren – und damit die eigene Gemeinschaft zu bereichern.

Ende der 80er-Jahre bist du mit einem Interrail-Ticket in Portugal gestrandet, was nicht überraschend ist, es gibt in dem Land so gut wie keine Eisenbahn. Inwiefern war diese Erfahrung prägend?
In dem Sinne, dass das Land und seine Bewohner, die Landschaften und Stimmungen und Begegnungen mich immer wieder haben zurückkehren lassen.

Der Algarve, die Algarve – für die meisten nicht-portugiesischen Touristen endet die Region in Faro. Was hat dich daran gereizt, die Handlung an die Ostalgarve zu verlegen?
Ich war früher eher an der Westalgarve unterwegs, und der Tourismus, dessen Bestandteil wir alle sind, hat dort idyllische Küstenlandschaften in Bettenburgen und Golfresorts verwandelt. An der Ostalgarve war das vor acht Jahren, als ich mit *Lost in Fuseta* begonnen habe, zum Glück noch nicht so. Da war die Gegend noch eine verschlafene Perle. Mir ging es

darum, dass dieses aus der Zeit gefallene Stück Land mit diesem Sonderling Leander Lost einen weitaus warmherzigeren und menschlicheren Umgang findet als die Hamburger Kollegen, die hinter seinem Rücken über ihn lachen.

In deinen Büchern spielst du mit den Charaktereigenschaften der Portugiesen und Deutschen. Aus der Ferne betrachtet könnte man meinen, die eher groß gewachsenen Deutschen und die eher kleineren Portugiesen passen nicht zueinander. Und doch mögen sie sich. Woran liegt das?

In meinen Büchern daran, dass die Menschen aus beiden Kulturen aufgeschlossen aufeinander zugehen. Ich denke, es ist für niemanden zu weit, wenn man sich in der Mitte trifft.

Inzwischen wurde *Lost in Fuseta* verfilmt. Wie war es für dich als Leander zum ersten Mal in Fleisch und Blut auf einer Ducati durch Moncarapacho brauste?

Zweischneidig. Mit einem Mal ist er aus Fleisch und Blut – und an die 60 Leute arbeiten zwei Monate Tag und Nacht mit immensem Aufwand daran, dass das, was man sich mal irgendwann ganz allein ausgedacht hat, von einem Medium ins andere übersetzt wird. Aber es war bei den Dreharbeiten auch das Gefühl da, dass Leander Lost mich jetzt nicht mehr braucht. Man muss dann auch loslassen. Und hat dann seine ganz persönliche *saudade*.

Algarve ist für viele gleichbedeutend mit Strand. Dabei ist es auch ein bergiger Landstrich mit großer Abgeschiedenheit. Du kennst die Region gut. Welcher Ort hat dich zuletzt überrascht?

Loulé. Das war schon vor zehn Jahren sehr schön und vielseitig – aber es scheint sich auf eine natürliche, gesunde Art Jahr um Jahr selbst zu übertreffen.

Vilamoura

WEIHNACHTEN IM REICH DER FANTASIE

Die Retortendörfer an der Algarve haben uns nie interessiert – bis wir Weihnachten in Vilamoura verbracht haben, im Hotel Anantara.

Während Deutschland im Weihnachtsfieber ist, lenken wir unseren Mietwagen durch eine Landschaft, die nach Oleander duftet. Unser Ziel: Vilamoura, eine typische Ferienretorte mit Bäumen wie von der Modellbahnplatte und künstlichen Teichen. Die Straßen führen von einem irren Kreisverkehr zum nächsten. Von einem davon geht es ab zu unserem Hotel.

Das Anantara Vilamoura ist ein Fünfsternehaus mit tollen Winterangeboten. Der Empfang ist herzlich, das Gebäude U-förmig. Es gibt einen Garten, einen Pool und einen Wellnessbereich. Eines der Highlights: das Frühstück. Wir essen draußen. Palmen rascheln, unweit liegt das Meer. Wir machen Strandspaziergänge mit nackten Füßen im Atlantik. Erst als eines Tages die Rezeption anruft, ob wir Hilfe mit dem Gepäck bräuchten, verstehen wir: Unsere Zeit ist um.

Victoria Gardens, Avenida dos Descobrimentos 0, Quarteira
anantara.com/de/vilamoura-algarve

Sonnengruß an der Algarve mit Jeanette Fuchs, indieferneindietiefe.com

YOGA-RETREATS

Grüß die Sonne

In Portugal kann jeder einen Ort für sich finden – es gibt eine fast schon unüberschaubare Vielzahl von Yoga-Retreats. Eine Auswahl.

Wer die Balance auf dem Brett sucht, findet sie zuvor auf der Matte – Yoga und Surfen sind eine perfekte Kombination: Um eins zu sein mit der Welle und kraftvoll auf dem Brett zu stehen, hilft die Erfahrung auf der Matte. Das haben wir auch gesehen, als bei unserem ersten Surfkurs Yoga-Girl Susanne schon bald auf dem Bord stehend in Richtung Strand sauste, während Rennrad-Boy Dirk noch damit beschäftigt war, seine dicken Oberschenkel für den Take-off zu koordinieren.

Wir treffen Jeannette Fuchs, Bloggerin auf *Follow Your Trolley* und Yogalehrerin, die seit vielen Jahren Yoga-Retreats an der Algarve anbietet. Sie sagt, es sei nicht nur das Klima, das geprägt ist von Wärme und Frische gleichermaßen, die es so wohltuend mache, hier in die Asanas zu gehen. Es sei auch der von Einfachheit und Herzlichkeit geprägte Lebensstil in Portugal. Jeannette unterstützte uns bei der Zusammenstellung dieser Tipps.

YOGA & SURFEN

Das **Buddha Retreat** liegt in der Nähe von Óbidos, einem pittoresken Ort nördlich von Lissabon. Das kleine Resort verfügt über einen üppigen Garten und über Zugang zu diversen Stränden, die sich für Einsteiger und entspannte Surfer eignen. Die Yogakurse dauern vier bis sieben Tage.

Rua Salvador Carvalho dos Santos 7, Columbeira
buddharetreats.com

2015 gründeten der Australier Gareth, seine österreichische Frau Monica und der Portugiese Tiago das **Salty Pelican Retreat** in Cascais. Mit frischem Design und internationalem Konzept ziehen sie Surfer und Yogis aus aller Welt an – sie bieten Meditation, Wanderungen, Weinabende und ein Frühstücksbuffet mit Meerblick.

saltypelicanretreats.com

Patrícia und Zarqa haben ihr spirituelles Wachstum an die erste Stelle gestellt: Auf Jahre des Rückzugs folgte eine intensive Ausbildung. Jetzt teilen sie ihre Erkenntnisse mit den Gästen im **Shamballah Yoga Retreat** und bieten auch ein fünftägiges Surf, Yoga and Meditation Retreat.

Rua do Chão Velho 10, São João das Lampas
shamballahretreats.com

YOGA & MEHR

Geht es vor allem um Yoga und Meditation, profitiert man auch von der Ruhe im Hinterland. Das **D'Alijo Retreat Center** in den Weinbergen Nordportugals verfügt über tolle Blicke auf den Nationalpark Peneda-Gerês. Es werden diverse Kurse angeboten – vom zehntägigen Schweigeretreat bis zum Jedi Fight Club.

Rua de Alijo 36, Cabeceiras de Basto
dalijoyogaretreats.com

Die Familie Winter nahm sich 2007 ein Sabbatical vom Leben in London und wurde in Portugal von einem Golden Retriever namens Moses zu genau diesem Hof geführt. Fünf Jahre haben die Winters diesen Ort renoviert, bis sie das **Vale de Moses Yoga Retreat** eröffneten, laut *National Geographic* das beste Yoga-Retreat Portugals.

Vale de Moses, Amieira
valedemoses.com

Zwischen Vila Nova de Milfontes und Zambujeira do Mar liegt auf einem großen Grundstück am Meer das **Cocoon**, ein moderner Boho-Hippie-Ort mit eigenem See, Tieren und dem Versprechen, dass man hier die Zeit vergessen kann, um bei sich und den anderen Yogis anzukommen.

Estrada Nacional 393, Odemira
cocoonportugal.com

Das **Monte Velho Retreat Centre** ist eine etablierte Größe. Trotz seines Erfolges hat sich der Betrieb seinen besonderen Charme bewahrt. Bekannte Lehrer haben hier schon Yoga, Meditation, Ernährung, Achtsamkeit und Permakultur unterrichtet.

Carrapateira
montevelhoretreatcentre.com

In der **Casa Terra** bietet die Salzburgerin Jeannette Fuchs einmal im Jahr ihre Yoga-Retreats an. Alle Infos dazu findet man auf ihrem Blog. Wer teilnehmen will, muss sich allerdings beeilen – die wenigen verfügbaren Plätze sind schnell vergeben.

Sinagoga, Tavira
altanure.org/en/casa-terra

Praia da Marinha

Die schönsten Strände der Algarve

Selbst im Winter bleibt es mild an der Algarve. Deshalb ist dieser Küstenstreifen nicht nur bei Touristen beliebt, sondern auch bei Portugiesen, die es warm und windstill mögen, wenn sie nicht zum Surfen kommen. Weil sie gern unter sich sind, bevorzugen die Portugiesen den östlichen Teil, wo die Küstenabschnitte weit sind und sanft abfallen. Die Strände westlich von Faro mit ihren goldenen Buchten und steilen Klippen überlassen sie gern uns Besuchern.

COSTA VICENTINA

Odeceixe
Der Hauptteil des Ortes liegt direkt an der Straßenbrücke über den Fluss Seixe, der die Grenze zwischen Alentejo und Algarve markiert. Eine windungsreiche Straße folgt dem Fluss zum zweiten, kleineren Ortsteil oberhalb des eindrücklich gelegenen Strands. Man steht auf einer Klippe, schaut hinab auf die Ribeira de Seixe, die auf einer weiten, zwischen schroffen Felsen gelegenen Sandbank ins Meer mündet. Im Kiosk Agapito bekommt man einen leckeren Gin Sul und eine sehr gute *tosta*.

Praia de Odeceixe
Auch dieser Strand bietet das Beste aus zwei Welten – Süßwasser auf der einen und Atlantik auf der anderen Seite. Die weite Sandfläche eignet sich für inoffizielle Beachball-Meisterschaften. Danach kann man sich in der Taberna do Gabão stärken. Hier gibt es übrigens auch die berühmten Entenmuscheln *percebes*. Sie sind hässlich, schmecken jedoch einzigartig.

Praia das Adegas
Eine wunderbare Bucht zwischen steilen Klippen, die sanft anrollenden Wellen, die Wärme der Sonne. Dieser Nacktbadestrand lässt leicht den Verdacht aufkommen, dass es für die Naturisten in Portugal immer besonders schöne Strände gibt.

ALJEZUR

Die maurische Burgruine aus dem 10. Jahrhundert war schon Ende des 15. Jahrhunderts nur mehr ein Symbol, und an den Hängen unterhalb und auf der gegenüberliegenden Seite der schiffbaren Ribeira de Aljezur entstand eine Stadt mit einem Hafen. Diese ist heute ein lebendiges Zentrum zwischen Land und Strand.

Praia da Amoreira
Ein lang gezogener, feinsandiger Strand, eine schmale Flussmündung, zwei hübsch gelegene Strandrestaurants – der Hausstrand von Aljezur ist wahrlich schön.

Praia de Monte Clérigo
Ein weitläufiger Strand, an den eine asphaltierte Straße führt, und an dem es sogar eine Bushaltestelle gibt. Die wird nur im Sommer bedient, ermöglicht aber eine bequeme Anreise. Besonders bei Familien ist dieser Strand beliebt.

Praia da Arrifana
Ein herrlich entspannter Strand am Ende einer steilen Straße. Sehr beliebt bei Surfern, die ihre Bretter auf dem Kopf balancierend tragen. Im Sea You Surf Café herrscht jener unvergleichliche Spirit, der Reisen so besonders macht – viel Durcheinander, gleichzeitig eine nonchalante Entspanntheit, mit der wundersamerweise alles funktioniert.

Praia da Bordeira
Manche sagen, dieser Strand sei das bestgehütete Geheimnis Portugals. Darüber lässt sich streiten. Er liegt zwischen einem mächtigen Felsvorsprung und einer hohen Düne. Das Wasser ist flach und schön warm. Auf dem weiten Strand steht sogar eine kleine Beach-Bar.

Praia da Cardoama
Der südliche Teil der Küste ist recht schroff und unzugänglich. Kleine Straßen winden sich von der größeren N268 durch die Hügel des Parque Natural do Sudoeste Alentejano e Costa Vicentina. Vom Miradouro da Cardoama hat man einen tollen Blick auf den gleichnamigen lang gezogenen Strand mit pittoresken Badebuchten.

Praia do Telheiro
Ist dies der südwestlichste Strand des europäischen Festlands? Wahrscheinlich. Das Cabo de São Vicente kann man von hier aus zwar nicht sehen, aber der zugegebenermaßen etwas mühselige Abstieg lohnt sich. Die wilde See lockt Surfer.

SAGRES

Die Strände rund um die Stadt am Ende der Welt sind schön, aber auch rau. Die südwestlichste Spitze des europäischen Festlands ist den Gezeiten sehr ausgesetzt, vor allem dem Wind. Weil die Portugiesen keinen Wind mögen, hält sich der Trubel hier in Grenzen. Wer allerdings glaubt, mit seinem Schatz einen romantischen Sonnenuntergangsmoment zu zweit am Farol do Cabo de São Vicente, dem roten Leuchtturm am Ende der Welt, erleben zu können, hat die Rechnung ohne die vielen anderen gemacht, die dasselbe vorhaben.

Praia do Beliche
Eine Treppe führt hinab zum kleinen, windgeschützt liegenden Strand, in dessen Klippen das Meer einige Höhlen gewaschen hat. Es gibt eine hübsche Strandbar und das tolle Restaurant Terra.

Praia do Martinhal
Wegen seiner Nähe zu einem luxuriösen Familienresort ist dieser Strand meist recht belebt, aber auch gut gepflegt. Es gibt eine hübsche Strandbar und ein sehr gutes Restaurant mit Blick auf die vorgelagerten Inselchen.

WESTLICHE ALGARVE

Zwischen Sagres und Vila Real de Santo António liegen rund 150 Kilometer Küste. Zu Fuß würde man dafür rund sieben Tage brauchen, wollte man hingegen von Strand zu Strand wandern und an jedem ein Bad nehmen, wäre man sicherlich mehrere Wochen unterwegs. Wir haben die Herausforderung angenommen und einen Großteil der Strände abgeklappert.

Praia do Zavial
Umgeben von hohen Felsen zeigt sich dieser kleine Strand als der perfekte Ort

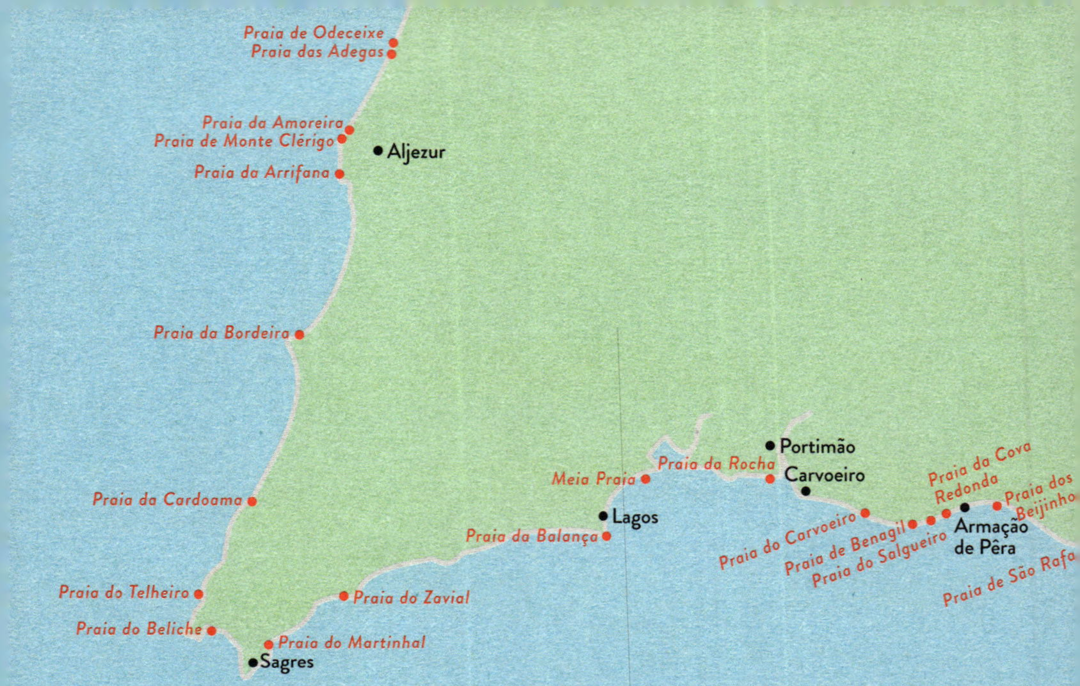

für alle, die Ruhe suchen. Höchstens ein paar Surfer warten auf den nächsten Take-off.

LAGOS

Ein Fluss mündet ins Meer, es gibt große Marinas, mehrere Strände und immer viel Trubel, selbst in der Nebensaison. Lagos ist neben Portimão und Albufeira eines der wichtigsten touristischen Zentren an der Algarve. Hinter der gut erhaltenen historischen Stadtmauer steht ein Gebäude aus dunkler Vorzeit – als Lagos der erste Handelsort für Sklaven aus Guinea und dem Senegal wurde. Bis auf dieses Gebäude wurde die Stadt in Folge des Seebebens von 1755 zerstört.

Praia da Balança
Ein kleiner, nur schwer zugänglicher Strand an der Ponta da Piedade. Man hat einen schönen Blick auf das türkisfarbene Meer und die eindrücklichen Felsformationen.

Meia Praia
Einer der beiden Hauptstrände der rund acht Kilometer weiten Bucht zwischen Lagos und Alto do Poço, einem Vorort von Portimão – ein klassischer Sandstrand.

PORTIMÃO

Wer Portimão eine Touristenhochburg nennt, meint meist den Vorort Praia da Rocha – mit seinen vielen Hotels und dem enormen Trubel, vor allem im Sommer. Die Altstadt selbst liegt oberhalb am Fluss und hat tatsächlich noch charmante Ecken. Die großen Strände sind eigentlich schön.

Praia da Rocha
Ein Strand, wie man sie von der Adria kennt oder von der spanischen Costa Blanca: groß, vollgepackt, von Hochhaushotels gesäumt und mit jedem erdenklichen Wassersportangebot.
Es ist eine ganz gute, irgendwie auch erdende Erfahrung …

CARVOEIRO

Ein schöner Wanderweg entlang der Küste führt zu famosen Stränden und zu faszinierenden Formationen, Höhlen, Felsnadeln und Gumpen, die das Meer hier in den Fels gewaschen hat. Über einen Boardwalk kommt man so in den kleinen Ferienort Carvoeiro.
Kurz davor gibt es die Bar Boneca – perfekt für einen Sundowner.

Praia do Carvoeiro
Der Strand mitten im Ort ist in der Nebensaison entspannt und eignet sich in der Hauptsaison für Gesellschaftsstudien. Toll ist die große Auswahl an Restaurants. Wir haben eine leckere *cataplana* gegessen im O Patio.

Praia de Benagil
Einige der spektakulären Höhlen sind nur vom Wasser aus zu erreichen. Wer in einem dieser rund geschliffenen Felsen steht, die sich über einem öffnen und den Blick auf den Himmel freigeben, fühlt sich ehrfürchtig und auch klein.

Praia do Salgueiro
Eine kleine Bucht, die man nur zu Fuß erreicht. Viele Strandgänger kommen nicht so weit, und so teilt man diese kleine Bucht oft nur mit wenigen anderen.

Praia dos Beijinhos
Beijinhos heißt „Küsschen" – und die vielen Buchten, in die dieser hübsche Strand unterteilt ist, haben einst bestimmt dazu eingeladen, sich hier heimlich zu küssen. Heimlich, das kann man heute vergessen, angesichts der vielen Hotels. Ein schöner Strand ist es dennoch.

ARMAÇÃO DE PÊRA

Eines der noch ganz hübschen Ferienstädtchen an der Algarve: Hier hat man die Dimensionen gewahrt und die weißen Häuser stehen bis an den Strand, den eine modern gestaltete Promenade von der Stadt trennt.

Praia dos Pescadores
Der Stadtstrand bietet viel Sand, einiges an Unterhaltung und eine Vielzahl von Einkehrmöglichkeiten. Im Strandrestaurant Praia Dourada gibt es leckere Snacks und einen famosen Blick auf das Meer.

Praia da Cova Redonda
Dieser zauberhafte Strand bietet rotgoldenen Sand, Felsvorsprünge, eine einfache Beach-Bar und eine Grotte, in die einige der mutigen Besucher sogar hineinschwimmen.

Praia de São Rafael
Ein Zauberstrand: Felsen ragen aus dem Wasser wie die Apostel vor der Küste Australiens. Es gibt kleine Sandbuchten und eine schöne Strandpinte. Für uns ist das einer der schönsten Strände der Region.

Praia da Falésia

ALBUFEIRA

Das Paradebeispiel einer Stadt, die über sich hinausgewachsen ist: Von hier bis zum Flughafen von Faro gab es eine beispiellose Entwicklung von Retortenorten. Manche sind einigermaßen hübsch geraten, andere wirken aus der Zeit gefallen: Das fast groteske Grün der ständig bewässerten Golfplätze, die am Reißbrett geplanten Straßen und Plätze lassen Quinta do Lago oder Vilamoura wie Geisterstädte wirken, sobald nicht mehr genug Gäste da sind. Nichtsdestrotz gibt es hier einige wundervolle Strände.

Praia da Falésia
Irgendwann soll es irgendwo eine Umfrage gegeben haben. Am Ende fiel die Entscheidung für die Auszeichnung „schönster Strand der Algarve“ auf die Praia da Falésia. Warum auch nicht? Der wie Rotgold glitzernde Sand, das schöne Wasser und die Klippen mit dem üppigen Kiefernwald überzeugen.

FARO

Die kleine Hauptstadt der Region liegt in einer faszinierenden Landschaft. In den Jahren des Booms hat sie sich einen ordentlichen Speckgürtel zugelegt:

Gewerbegebiete, Wohnsiedlungen, Straßen, Autobahnzubringer, Kreisverkehre und einen Flughafen gibt es hier. Das Zentrum der Stadt mit seinem historischen Stadtkern, den engen Gassen und der hoch aufragenden Kathedrale ist nach wie vor sehr sympathisch.

Praia de Faro
Die Praia de Faro ist einer der ersten Strände, die im Landschaftsgebiet des Parque Natural da Ria Formosa liegt. Dieses Feuchtgebiet beherbergt ein vielfältiges Ökosystem aus Inseln, Sümpfen und Sandbänken und erstreckt sich von der Praia da Quinta do Lago bis zur Praia das Cabanas. Die Praia de Faro ist über einen Damm mit dem Festland verbunden, an Wochenenden herrscht hier ordentlich Trubel. Es gibt etliche Bars und Restaurants.

ÖSTLICHE ALGARVE

Praia da Fuseta
In die kleine Stadt haben wir uns verliebt, indem wir im Auto durch Portugal fahrend die Geschichte von Leander Lost hörten, der in seinem Europol-Austauschjahr bei der portugiesischen Polizei gelandet ist. Autor Gil Ribeiro (das Pseudonym des Drehbuchautors Holger Karsten Schmidt) versetzt seinen unter dem Asperger-Syndrom leidenden Kommissar nach Fuseta an der Algarve. Der Kulturclash, bei dem der übergenaue Hamburger auf die liebevoll chaotischen Kolleginnen und Kollegen trifft, ist sehr unterhaltsam. Und am Ende hat man das Gefühl, Fuseta und Moncarapacho gut zu kennen.

Praia do Barril und Praia Naturista
Die Strandbahn Pedras d'El Rei bringt die Besucher auf die vorgelagerte Sanddüne. In eine Richtung bleibt man angezogen, in die andere wirft man alle Hüllen von sich. Der elf Kilometer lange Strand ist fantastisch.

TAVIRA

Während die westliche Algarve sehr beliebt bei den Touristen ist, scheint die östliche eher den Portugiesen vorbehalten zu sein. Tavira ist ein hübsches Städchen am Fluss Gilão, über den mehrere Brücken führen. Die ansprechende Altstadt mit Burgruine und der Pousada do Convento da Graça, aufwendig saniertem Flussufer und unzähligen Cafés, Bars und Restaurants ist definitiv einen Besuch wert. Mit einem Boot setzt man über zur der Küste vorgelagerten Sandbank mit ihren Stränden.

Praia da Ilha de Tavira
Ein großer, üppiger, feiner Sandstrand mit Campingplatz und einigen Restaurants. Es gibt zwei Fähren, die die Insel anfahren, die eine legt direkt in der Innenstadt ab (Largo José Pires Padinha 172), die andere vom Cais das Quatro Águas.

Praia do Cabeço und
Praia de Monte Gordo
Am östlichen Ende der Algarve zur spanischen Grenze hin wird es ruhiger und die Landschaft wird weiter, die Strände sind üppig.

VILA REAL DE SANTO ANTÓNIO

Wer an den weiten Strand geht, kann bis zum Grenzfluss Guardiana laufen. Im Hinterland erstreckt sich das Reserva Natural do Sapal de Castro Marim e Vila Real de Santo António, ein Rückzugsgebiet für viele Vögel. Anmutig wirken die Flamingos – die Vögel sind nach der Geburt erst weiß und erhalten ihre rosa Farbe durch den Verzehr von Krustentieren.

Saudade für Daheimgebliebene

Für alle, die Sehnsucht nach dem Land im Westen haben, aber aus welchen Gründen auch immer nicht nach Portugal reisen können, hier ein paar Tipps, um die Sehnsucht zu stillen: mit Filmen, Büchern, Drinks oder einem Besuch in Hamburg.

Sehen

Portugal, vor allem Lissabon, war immer wieder Gegenstand von Filmen. Allerdings gibt es kaum portugiesische Produktionen, die außerhalb des Landes bekannt sind, und nur wenige **Schauspieler**, die es international zu Ruhm gebracht haben, Ausnahmen sind etwa Maria de Medeiros und Joaquim de Almeida. Gegenwärtig sehr bekannt sind Pêpê Rapazote aus der Netflix-Serie *Narcos* und João Vidal aus *Glória*.

Glória, die bisher teuerste portugiesische Netflix-Produktion, erzählt die Geschichte eines Ortes im Alentejo in den 1960er-Jahren, in dem eine Radiostation zum Schauplatz des Kalten Krieges zwischen Amerikanern und Russen wird. Es geht auch um die Unabhängigkeitskriege, um den Terror der PIDE (Polícia Internacional e de Defesa do Estado), um coole Kerle und um schöne Frauen.

Ein Klassiker ist Wim Wenders Film **Lisbon Story**. Susanne erinnert sich noch gut, wie entsetzt ihre Tia Antonieta war, nachdem sie den Film gesehen hatte. Der Regisseur habe es geschafft, nur die hässlichsten Ecken Lissabons zu zeigen. Einzig Teresa Salgueiro, die Sängerin von Madredeus, habe es ihr angetan. Dabei ist die Geschichte um den Toningenieur Philipp Winter noch heute sehenswert. Es ist verblüffend, wie anders Lissabon darin aussieht. Gedreht wurde zu einem großem Teil im Palacio Belmonte.

Taxi Lisboa hat es bis ins MoMA nach New York geschafft – das Museum hat den Film als Kunstwerk für seine Kinemathek gekauft. Die fiktive, doch dokumentarisch wirkende Geschichte erzählt vom ältesten Taxifahrer der Welt, der längst schon seine Rente genießen sollte, aber noch immer sein altersschwaches Taxi durch die engen Gassen der Stadt pilotiert.

Lesen

In seinem Roman **Die hohen Berge Portugals** beschreibt der französische Schriftsteller Yann Martel die anfänglich unverbunden wirkende Geschichte dreier Menschen, die sich das Land aneignen, und führt sie auf fast sensationelle Weise zusammen.

António Lobo Antunes ist einer der bedeutendsten Gegenwartsautoren